458

COLLECTION

DES MEILLEURS

VOYAGES MODERNES.

TOME XXXVI.

O³
76

IMPRIMERIE DE J. GRATIOT.

VOYAGE

DANS L'INTÉRIEUR

DE

L'AFRIQUE SEPTENTRIONALE,

EN 1818, 1819 ET 1820;

PAR LE CAPITAINE G. F. LYON.

TRADUIT DE L'ANGLAIS,

Par l'Auteur d'*Une année à Londres*.

Avec une grande carte et quatre gravures coloriées.

PARIS.

LIBRAIRIE DE GIDE FILS,

ÉDITEUR DES ANNALES DES VOYAGES,

RUE SAINT-MARC FEYDEAU, N° 20.

1822.

VOYAGE
DANS L'INTÉRIEUR
DE
L'AFRIQUE SEPTENTRIONALE,
EN 1818, 1819 ET 1820.

CHAPITRE Ier.

L'auteur part de Malte. — Il rejoint M. Ritchie à Tripoli. — Caractère de Mohammed el Mekni, sultan du Fezzan. — Abrégé de son histoire. — Marabouts. — Fête annuelle qu'ils célèbrent. — Initiation de l'auteur à cet ordre. — Marchés, bazars, fondoucs, etc. — Coutumes diverses. — Bains publics. — Cortége du pacha. — Système pénal. — Costume des femmes de Tripoli. — Mariages. — Enterremens.

En septembre 1818, M. Ritchie, dont la science égalait les talens, arriva de Marseille à Malte, chargé, par le gouvernement anglais, de faire un voyage dans l'intérieur de l'Afrique. Le capitaine Marryat devait l'y accompagner; mais diverses circonstances le firent changer de résolution. Je fus assez heureux pour faire la connaissance de M. Ritchie ; et, l'ayant entendu exprimer son regret d'avoir perdu tout espoir d'avoir M. Marryat pour compagnon de voyage, je lui offris de prendre sa place. Il accepta ma proposition ; et, par l'entremise de sir C. Penrose, commandant en chef dans la Méditerranée, j'obtins la permission de l'accompagner. Pendant que je l'attendais avec impatience, M. Ritchie partit pour Tripoli avec John Belford, charpentier dans les chantiers de Malte, qu'il avait pris à son service, et je le rejoignis, en cette ville, le 25 novembre suivant. L'intention de M. Ritchie étant de se rendre à Mourzouk, capitale du Fezzan, avec le sultan de ce pays, son départ devait se régler sur celui de cet important personnage, qui, à ce que nous apprîmes, emmenerait un corps de troupes considérable, pour faire la guerre aux habitans du Ouaday (le Borgou de Brown), qui est situé au sud et à l'est du Fezzan. Mais, comme les Tripolitains ne montraient guère d'empressement pour cette expédition, et que le pacha ne semblait pas disposé à les y forcer, il était impossible de prévoir l'époque de notre départ.

Mohammed el Mekni, qu'on nomme à Tripoli bey du Fezzan, mais qui prend le titre de sultan en entrant sur son territoire, est un homme d'environ cinquante ans, ayant l'air martial, et doué d'une grande force de corps : il est dévoré d'une ambition excessive et d'une avarice insatiable. C'était un des amis et des plus fermes soutiens du pacha actuel pendant le règne de son père, et il lui fut d'un grand secours pour apaiser les troubles qui s'élevèrent lorsqu'il usurpa le trône. Mekni était alors en grande faveur : on le regardait comme un personnage de grande importance; et, après la mort de son père, il devint *bey el noba*, ou percepteur du tribut que paie au pacha le sultan du Fezzan, et il faisait tous les ans un voyage dans ce pays. Quoique ce tribut fût peu considérable, on n'en regardait pas moins la place de bey el noba comme très-importante. Mekni était revêtu de cette dignité quand Horneman l'accompagna dans le Fezzan. Les fréquens voyages de Mekni lui fournirent l'occasion de se convaincre que le tribut payé par le sultan n'était qu'une très-faible partie de ses revenus. Il résolut de s'approprier ce royaume, et trouva bientôt le moyen de déterminer le pacha à lui permettre de se défaire de la famille régnante, en lui persuadant qu'il n'agirait que dans ses intérêts. Ce fut en 1811 qu'il réussit à surprendre Mourzouk avec un corps de troupes tirées des montagnes de Gharian. Il fit étrangler le sultan et son frère, son principal mamelouck et ses deux fils aînés; et prétextant ensuite qu'après des actes pareils de cruauté et d'injustice il serait imprudent de quitter Mourzouk, il eut l'adresse de déterminer le pacha à le nommer son vice-roi, et il lui promit de porter le tribut annuel à 15,000 piastres au lieu de 5,000. S'étant ainsi emparé de l'autorité souveraine, il fit la guerre à tous ses voisins hors d'état de se défendre, et emmena de chez eux tous les ans quatre à cinq mille esclaves. C'était au retour d'une semblable expédition, faite dans le Kanem, qu'il s'était rendu à Tripoli avec un nombre considérable d'esclaves et de chameaux; et il avait été en conséquence parfaitement accueilli par le pacha.

J'appris, à mon arrivée, que M. Ritchie avait eu plusieurs entrevues avec le pacha, à qui il avait fait plusieurs présens précieux, et que son altesse était informée de son projet de voyage dans l'intérieur de l'Afrique. Quoique M. Ritchie ne m'ait pas fait part de ce qui s'était passé dans ces conférences, j'ai lieu de croire que le résultat en fut favorable, et qu'il reçut l'assurance d'être protégé autant qu'il dépendrait de lui dans le cours de sa mission. Le sultan du Fezzan lui fit, de son côté, les promesses les plus flatteuses, l'assura qu'il n'attendait que l'occasion de lui montrer sa bonne volonté, et qu'une fois arrivé dans ses États, il le traiterait en frère, et l'aiderait en toutes choses de tout son pouvoir. Lorsque j'eus été présenté à Mekni, je l'entendis plusieurs fois répéter ces assurances à M. Ritchie, et il me promit également secours et protection.

Avec un ami si puissant, nous avions toute raison d'envisager l'avenir avec confiance, et nous espérâmes fermement que toutes ces promesses flatteuses se réaliseraient pleinement. Quelques jours après mon arrivée à Tripoli, je fus présenté au pacha par le consul d'Angleterre; mais, comme c'était en audience particulière, je n'eus pas occasion de voir la splendeur de sa cour. Comme ni M. Ritchie ni moi n'étions encore pourvus du costume maure, que le pacha nous avait expressément conseillé d'adopter, nous ne nous montrâmes pas beaucoup en public.

Lorsque nous eûmes pris le costume des musulmans, nous fîmes tous nos efforts pour imiter aussi leurs manières. M. Ritchie prit le nom d'Youssuf el Ritchy, Belford celui d'Aly, et je choisis celui de Saïd ben Abdallah. Nous ne trouvâmes aucune difficulté à nous procurer un *fekhi*, desservant d'une mosquée, pour nous apprendre l'arabe. Ce fekhi me donna aussi toutes les instructions nécessaires sur les cérémonies usitées dans les prières; et, quand j'y fus parfaitement initié, j'instruisis à mon tour M. Ritchie.

Tout semblait favoriser notre entreprise; mais M. Ritchie aurait bien désiré obtenir du gouvernement une nouvelle remise de fonds, car nous n'avions guère que l'argent nécessaire pour payer le loyer de nos chameaux jusqu'à Mourzouk; et, au-delà de cette ville, nous ne savions comment nous pourvoirions à nos dépenses. M. Ritchie avait apporté avec lui beaucoup de marchandises; mais, d'après ce qu'il apprit à Tripoli, il était probable qu'elles nous seraient peu utiles, parce qu'elles consistaient en objets qui n'étaient pas de défaite dans l'intérieur.

Sidi Mohammed D'Gheis, ancien ministre du pacha, mais retiré des affaires depuis quelques années, à cause d'une cécité complète, eut pour nous toutes les attentions possibles, et nous donna des renseignemens très-utiles. Il avait voyagé en Europe, et en connaissait bien les usages; de sorte qu'il était parfaitement en état de nous indiquer les précautions que nous devions prendre pour ne pas être reconnus pour chrétiens dans l'intérieur du pays.

Il est inutile de faire la description d'une ville aussi connue que Tripoli; mais il n'est pas hors de propos de dire quelques mots sur les marabouts, sorte de gens dont on parle beaucoup dans tous les pays mahométans; car j'ai remarqué que les qualités nécessaires pour donner droit à ce titre ne sont point partout les mêmes. Dans l'intérieur de l'Afrique elles consistent à avoir un extérieur de sainteté, à s'abstenir des liqueurs défendues, à éviter l'usage d'expressions impropres et profanes, à ne pas avoir plus de quatre femmes, et à ne se permettre aucune intrigue avec celles des autres. Mais à Tripoli une telle réserve n'est nullement nécessaire. Il s'y trouve deux classes de marabouts : les idiots, qui ont permission de dire et de faire tout ce que bon leur semble ; et les gens sains d'esprit, qui, par une jonglerie aussi impudente que dégoûtante, s'attribuent le droit exclussif d'être les plus grands coquins qu'on puisse voir. Ils s'assemblent tous les vendredi soir dans certaines mosquées, y mangent des serpens et des scorpions, contrefont les inspirés, et y commettent les plus grandes extravagances.

Ce fut le 9 janvier que commença leur fête annuelle ; elle dura trois jours avec toutes ses cérémonies ridicules. On croit que, ce jour-là, ou même auparavant, le grand marabout inspire ceux qui doivent paraître dans ces processions, et qui sont plus ou moins fous, plus ou moins furieux, suivant le degré de leurs talens. Pendant le temps que les marabouts, entourés et suivis par une foule immense, parcourent ainsi les rues, les chrétiens et les juifs ne peuvent s'y montrer avec sûreté, car s'ils y paraissaient, et que ces misérables s'en emparassent, ils seraient mis en pièces. Si même on les aperçoit à leurs fenêtres ou sur leurs terrasses, les enfans qui suivent le cortége ne manquent pas de les assaillir d'une grêle de pierres.

Curieux de voir toutes ces cérémonies, je me hasardai à sortir avec notre drogman, et à me rendre à la mosquée d'où la troupe devait partir. Je sentis parfaitement que, quoique vêtu à la manière du pays, c'était me mettre dans une situation dangereuse; mais j'avais pris mon parti. J'entrai donc dans la mosquée avec la foule, et je réussis à approcher des saints, qui, les cheveux épars, tournaient rapidement sur eux-mêmes, et devenaient comme frénétiques. On entendait les sons d'une musique barbare. Plusieurs personnes étaient occupées à asperger les marabouts d'eau de rose. Si j'eusse été reconnu pour chrétien, ma vie aurait été en grand danger: heureusement, et grâce à mon sang froid, personne ne conçut le moindre soupçon. Quand les acteurs de cette scène se trouvèrent suffisamment inspirés, ils se précipitèrent dans la rue, et je les suivis. L'un d'eux s'était percé les deux joues d'un grand clou: tous s'étaient mordu la langue si violemment que le sang leur sortait de la bouche. Ils étaient à demi nus, poussaient de temps en temps des cris et des hurlemens, et, en marchant quelquefois trois ou quatre de front appuyés les uns sur les autres, ils agitaient la tête en avant et en arrière avec un mouvement si vif que le sang leur montait au visage, et que leurs yeux sortaient de leurs orbites d'une manière effrayante. Quelques-uns des plus furieux, et qui cherchaient sans cesse à se jeter sur la foule, étaient gardés par des hommes qui les retenaient par le moyen d'une corde ou d'un mouchoir, dont on les avaient entourés comme d'une ceinture. Dans une rue que nous traversâmes, on aperçut sur une terrasse quelques Maltais et d'autres chrétiens, et l'on fit aussitôt pleuvoir des pierres sur eux. Je remarquai que, lorsque les marabouts passaient devant la maison d'un chrétien, ils devenaient furieux; ils s'efforçaient d'en approcher, et ils prétendaient reconnaître un infidèle à l'odeur.

Après les avoir suivis une heure ou deux, et avoir été témoin des scènes les plus horribles et les plus révoltantes, je retournai au logis, où le bruit s'était répandu que j'avais été maltraité; que j'avais tué un marabout en me défendant; que je m'étais enfui, et qu'on ne savait ce que j'étais devenu. Je me trouvai heureux de pouvoir démentir ces bruits. Deux bandes de semblables énergumènes parcouraient la ville;

mais, comme elles étaient de différentes sectes, et ennemies l'une de l'autre, on avait arrangé leur marche de manière qu'elles ne pussent pas se rencontrer.

Celle que je vis était la moins nombreuse. Un nommé Mohammed marchait à sa tête : c'était un homme que nous avions employé plus d'une fois pour faire des commissions, et prendre soin de nos chevaux ; j'appris seulement alors que c'était un personnage aussi remarquable. Avant la procession, on l'avait mis en prison, parce qu'il était devenu furieux. Quand tout fut prêt pour la cérémonie, le pacha se plaça sur un balcon qui donne sur l'arsenal, et l'on rendit la liberté à Mohammed. Le premier usage qu'il en fit, fut de percer le flanc d'un âne, sans autres armes que ses ongles, et, lui arrachant les intestins, il les déchira à belles dents. J'en vis qui dévorèrent des chiens et d'autres animaux, et un enfant juif fut tué par ces furieux ou par ceux qui les suivaient.

Comme le pouvoir de manier impunément les serpens et les scorpions est un des attributs distinctifs des marabouts, je résolus d'acquérir ce titre vénéré. M. Ritchie acheta quelques serpens, et nous apprîmes tous bientôt à les manier sans danger. Je parvins aussi à prendre les plus gros scorpions sans courir risque d'être piqué.

Mais il fallait se mettre au fait des cérémonies pratiquées par ces prétendus saints. J'en fis donc venir un des plus célèbres sous prétexte de m'initier dans ses mystères : il fit un nombre infini de prières et de grimaces, me cracha dans les mains, prit de l'eau de rose dans sa bouche, et m'en fit jaillir sur la figure, se rinça la bouche, et se lava les mains dans de l'eau de rose, et, mettant ensuite ce précieux liquide dans une bouteille, il me dit de le boire un jour qu'il me désigna, m'assurant qu'ensuite je serais doué de la même sainteté que lui. Telles furent ses instructions, et l'on peut juger que je ne me crus pas obligé de les suivre.

Toutes les semaines il y a deux grands marchés, qui se tiennent, l'un le mardi sur les sables qui sont derrière la ville, l'autre dans les jardins du Mechiah, langue de terre de trois à quatre milles de largeur entre le rivage et le désert.

On trouve dans la ville des bazars qui sont ouverts tous les jours. Ce sont des rues couvertes, garnies de chaque côté de très-petites boutiques. Des crieurs exposent en public les esclaves et les marchandises, et font un tintamarre perpétuel en répétant le dernier prix offert. Un quartier particulier de la ville est assigné aux juifs qui y tiennent leurs boutiques, et ils y sont enfermés tous les soirs au coucher du soleil.

Ce quartier s'appelle *Zanka el Yahoud.* Quoique persécutés, ils savent s'emparer de tout le commerce et de toutes les places lucratives. Il leur est défendu de porter des vêtemens d'une couleur brillante; le bleu est la seule couleur qui leur soit permise pour leurs turbans.

Les maisons destinées aux marchands et à leurs marchandises se nomment *fondouc*, et ressemblent aux caravenseraïs de l'Orient. Il y a quelques écoles où l'on apprend à lire et écrire; mais cette science n'est nullement nécessaire pour parvenir aux dignités. On en a un exemple dans le ministre actuel, sidi Hamet, qui était autrefois *reïs el marsa*, ou capitaine du port, et qui ne sait ni lire ni écrire. On nous avait assuré ce fait; et pour nous en convaincre, nous lui présentâmes un jour le Coran à rebours, en le priant de nous en lire quelques lignes. Il prit le livre sans le retourner, fit semblant de lire tout bas quelques instans, et nous le rendit ensuite en nous disant que l'écriture en était fort belle. Le *cheikh el beled*, ou gouverneur de la ville passe pour être instruit, quoiqu'il ait été autrefois simple batelier dans le port. On trouve en lui un exemple curieux de contraste entre la rigidité de certains musulmans, et l'indifférence avec laquelle quelques autres communiquent avec les chrétiens. Il avait donné à son fils pour maître d'italien un prêtre catholique, et il n'en faisait pas mystère.

L'ivrognerie est plus commune à Tripoli même que dans la plupart des villes d'Angleterre. Il s'y trouve des maisons où l'on vend du vin publiquement, et l'on voit des Maures, assis à la porte, en boire sans scrupule. Rarement on traverse le *Saldanah*, la place du corps de garde, sans y rencontrer quelques gens ivres. La plupart des personnes de haut rang sont aussi de grands buveurs; leur liqueur favorite est le rosoglio qu'on tire d'Italie. Ceux qui venaient nous rendre visite, nous donnaient souvent à entendre qu'un verre de rhum ne leur serait pas désagréable. Les femmes de mauvaise vie sont nombreuses. Quand elles sont connues pour telles, on les oblige d'habiter un certain quartier de la ville, qu'on appelle *Zanga tel Ghaab*, ou quartier des prostituées : elles ont un chiaoux pour surintendant. Ces femmes sont obligées de fournir la nourriture aux chiens du pacha qui gardent l'arsenal.

Les Tripolitains parlent assez généralement une espèce de mauvais italien : de sorte que les Européens n'éprouvent pas beaucoup de difficulté pour se faire comprendre.

Une coutume singulière que je remarquai chez tous les Maures et tous les Arabes, depuis le pacha jusqu'au plus pauvre conducteur de chameaux, c'est de roter le plus souvent et avec le plus de bruit qu'il leur est possible. Les grands personnages satisfont ce besoin avec un air de dignité solennelle et tout-à-fait imposante, se frottant la barbe, et remerciant Dieu du soulagement qu'il leur a accordé. Mekni était un adepte en ce genre, et son fils Youssuf, enfant d'environ huit ans, promettait de marcher sur ses traces.

Les mameloucks, qui sont ou des renégats ou des esclaves achetés en Géorgie et en Circassie, occupent les premiers emplois ; ce n'est que parmi eux que le pacha peut choisir des époux pour ses filles. L'amiral de la flotte est un mamelouck, Écossais de naissance, et qui a pris le nom de Mourad Reis. Il était banni pendant notre séjour à Tripoli. Nous apprîmes du consul et des principaux habitans qu'il jouissait d'une excellente réputation.

Les bains publics sont du même genre que ceux d'Égypte et de Turquie, sans être ni aussi grands ni aussi magnifiquement ornés ; la manière de s'y baigner est la même. Un bain sans savon ne nous coûtait qu'environ 5 pences (10 sous), quoiqu'on nous fît payer plus cher qu'aux gens du pays. Les hommes y vont le matin, et les femmes le soir.

Quand le pacha monte à cheval pour se rendre au Mechia, jardins situés derrière la ville, il est accompagné par ses fils et par une troupe nombreuse de cavaliers, composée de mameloucks et des principaux officiers de sa cour, tous bien montés et richement équipés. Ils sont confusément attroupés autour de lui, sans aucun ordre, car ils n'ont pas la moindre idée d'une marche régulière. De temps en temps quelques-uns d'entre eux sortent des rangs au grand galop, poussant des cris, brandissant leurs mousquets; et, après les avoir déchargés, ils retournent à leur place. En rentrant dans la ville, ils se forment en troupes de dix à douze, et font une décharge de mousqueterie en courant à toute bride, ce qui produit un assez bel effet. Les chevaux, qui sont habitués à cet exercice, n'entendent pas plutôt l'explosion qu'ils font volte face et retournent au trot dans les rangs. Le rivage, étant d'un sable dur, convient admirablement bien à ces manœuvres.

Plus de la moitié des gardes sont nègres, tous vêtus différemment. Il ne règne pas plus d'uniformité dans la taille et dans la couleur de leurs chevaux, dont les mors sont faits de manière à leur mettre la bouche en sang. Les étriers servent en même temps d'éperons, et on les emploie avec si peu de ménagement, qu'on voit de larges cicatrices dans le flanc de ces pauvres animaux. On regarde comme un grand ornement des lignes et des étoiles tracées sur leurs cuisses avec un fer chaud.

Les lois pénales sont à Tripoli, et je crois dans toutes les villes mahométanes, toutes différentes de celles de l'Europe. Elles prononcent la peine de mort contre certains crimes : mais dans bien des cas le caprice du pacha est la seule loi ; il condamne le coupable à être, ou pendu, ou décapité, ou étranglé. Les Maures n'ont pas d'exécuteurs des hautes œuvres : le premier juif qu'on rencontre est obligé d'en remplir les fonctions. Il accompagne le condamné sur les remparts, au-dessus de la porte de la ville, suivi de gardes, et d'une populace nombreuse. Là il arrange la corde bien ou mal, suivant ses talens, et l'accroche à une cheville scellée à cet effet dans la muraille ; on fait passer ensuite la victime par une embrasure, et elle reste suspendue en dehors, de manière à être vue par tous ceux qui entrent dans la ville ou qui en sortent. En cas de décapitation, on n'expose que la tête aux regards du public.

La torture est assez souvent mise en usage ; mais, comme elle n'est infligée que dans les cachots du château, personne ne peut ou n'ose en faire la description. Le vol est puni par l'amputation d'une main, et même d'un pied s'il se trouve dans le crime des circonstances agravantes. En cas de récidive on coupe l'autre main et l'autre pied. J'ai vu un homme qui avait été ainsi mutilé pour un crime capital. L'opération se fait avec un rasoir. On commence par serrer fortement avec une corde le bras ou la jambe, et l'on coupe la main ou le pied à la jointure du poignet ou de la cheville. On trempe ensuite le moignon dans de la poix bouillante, et le criminel est remis en liberté. On a peine à concevoir avec quelle rapidité cette blessure se guérit, sans autre pansement que celui dont je viens de parler.

La bastonnade sur le derrière et sur la plante des pieds est le châtiment usité pour les moindres délits, quoiqu'il soit quelquefois infligé de manière à causer la mort. On en donne assez souvent quatre à cinq cents coups; mais cinquante est le nombre ordinaire. Les coupables qui peuvent gagner, soit par argent, soit autrement, celui qui est chargé d'administrer cette punition, réussissent à la rendre beaucoup moins douloureuse, en garnissant intérieurement leurs pantalons. Aucun rang n'en est exempt, et si les fils du pacha, son ministre ou le cheikh el bilad venaient à lui déplaire, ils y seraient soumis comme le dernier de ses sujets. Ce châtiment n'est pas déshonorant, et celui qui le subit ne perd rien de sa considération.

Nous avions séjourné quelque temps à Tripoli

avant que j'eusse eu l'occasion de voir le costume des femmes dans l'intérieur de leurs maisons. Quand elles sortent, elles portent une pièce d'étoffe arrangée de manière à leur couvrir le corps et la tête; de sorte qu'on ne peut apercevoir qu'un œil. Elles mettent des bottes rouges, et chez elles des pantoufles rouges ou jaunes. La parure des dames de distinction est somptueuse. Elle consiste en une chemise de soie rayée de diverses couleurs, un gilet brodé, et des pantalons de soie. Une pièce d'étoffe de soie ou du coton le plus fin est arrangée de manière à former un voile qui tombe avec grâce sur la tête et les épaules, et en même temps une espèce de jupon qui enveloppe tout le corps. Leur tête est couverte d'un bonnet de drap d'or, chargé de riches ornemens. Elles se peignent les paupières avec de l'antimoine, ce qui fait paraître l'œil plus grand, et en augmente la vivacité. Elles arrachent les poils de leurs sourcils de manière à les disposer en ligne droite, et à les rendre carrés à chaque bout. Elles portent aux oreilles et sur la tête des ornemens fort pesans en or et en argent, des bracelets des mêmes métaux, et des anneaux au-dessus des chevilles.

Le costume des juives ne diffère guère de celui des musulmanes, si ce n'est que lorsqu'elles sortent, elles laissent apercevoir les deux yeux. Les bottes leur sont interdites, et elles ne peuvent se servir que de pantoufles noires ou jaunes.

La monnaie courante à Tripoli, depuis quelques années, ne contient que quatorze centièmes d'argent ; elle perd tous les jours de sa valeur.

Près de la porte qui conduit à la mer, on voit les restes d'un beau bâtiment carré, construit par les Romains. Les portes cintrées en ont été murées. Il sert maintenant de magasin. L'inscription placée sur la façade du nord est parfaitement conservée.

On m'a assuré que les mariages se célèbrent à Tripoli avec beaucoup de splendeur. C'est pendant la nuit qu'on conduit l'épouse chez son mari, et elle est accompagnée d'une troupe nombreuse de femmes qui portent des torches, et poussent des cris de joie.

Les enterremens n'ont rien de remarquable. Le corps est placé dans une bière qu'on recouvre d'un drap, sur les bords duquel sont brodées des sentences tirées du coran. Les parens et les amis du défunt suivent sans ordre en chantant des versets religieux. Le tombeau d'un homme se distingue par un pilier de pierre, sur lequel on sculpte un turban. Les funérailles des femmes se font quelquefois avec plus de pompe et de cérémonies. J'assistai à celles de la fille du ministre, petite-fille du pacha. Son cercueil était couvert d'un riche drap écarlate, brodé en or, sur lequel on avait brodé en or des versets du coran. Du côté de la tête on avait placé un gros bouque des fleurs les plus belles et les plus précieuses. Les bijoux et les plus magnifiques parures de la défunte étaient étalés sur la bière. Tant de richesses produisaient un effet admirable. Ceux qui composaient le cortége avaient en main des bouquets, et, comme pour former un contraste avec la décoration brillante du cercueil, ils étaient couverts d'habits sales et déchirés, et ne portaient pas le moindre ornement. Le ministre lui-même marchait à la tête, et, quoiqu'il ne passe pas pour être doué d'une grande sensibilité, il paraissait fort affecté. C'est l'usage, à la mort de quelqu'un, de donner la liberté à un ou plusieurs esclaves de la famille, et l'on se fait également une règle de distribuer des alimens aux pauvres, qui ne manquent jamais en ces occasions de se présenter en grand nombre. Ces actes de libéralité sont proportionnés à la fortune de ceux qui les font : plus on dépense pour honorer la mémoire du défunt, plus on s'attire de considération. Il existe des femmes qui n'ont d'autre métier que d'aller pleurer, crier, hurler, dans les maisons où quelqu'un vient de mourir : elles s'arrachent les cheveux et se déchirent la figure de la manière la plus barbare.

CHAPITRE II.

Voyage dans les montagnes de Gharian et à Beniolid. — Ruines du château de Medjnin. — Assassinat d'un officier du pacha. — Guerre et cruautés qui en résultent. — Beni Abbas. — Habitations souterraines. — Château de Gharian. — Beniolid. — Détail sur le pays et les habitans. — Description des Arabes. — Costume. — Armes. — Tentes. — Cheikhs. — Superstitions. — Mariages. — Voyages. — Occupations des femmes. — Nourriture. — Amusemens. — Tribu de Oualed Souliman.

M. Ritchie voyant que le départ de Mekni était encore retardé, et qu'il ne se mettrait probablement en route que dans quelques semaines, résolut d'employer cet intervalle à faire une excursion dans les montagnes de Gharian et jusqu'à Beniolid. Dans ce dessein, il se procura un chiaoux pour nous accompagner, et loua deux chameaux pour porter nos provisions et notre bagage.

Nous partîmes de Tripoli le 7 février 1819, à dix heures du matin. Après avoir passé par les jardins du Mechia, nous entrâmes dans le désert qui est situé au sud. Là le sable s'élève en montagnes irrégulières, et l'on n'y aperçoit pas le moindre indice de végétation. A cinq heures du soir nous arrivâmes dans un endroit couvert de gazon et de quelques arbrisseaux : des troupeaux y paissaient, et quelques Bedouins y avaient tendu leurs tentes. Nous y dressâmes aussi les nôtres près d'un puits. Le chiaoux ordonna au cheikh des Arabes de nous préparer à souper, et nous eûmes bientôt un agneau et un plat de *basine* (1) bien chaud. Toutes les jeunes filles sortirent de leurs tentes pour nous examiner.

Nous nous arrêtâmes le lendemain pour voir les ruines du château de Medjnin : c'était autrefois un poste sur la frontière d'où les troupes du pacha tenaient en respect les tributs arabes rebelles. Mais comme il avait été construit en terre et en petites pierres, les pluies l'ont presque entièrement détruit ; il n'en reste qu'une porte et une partie des murailles. Nous voyageâmes jusqu'à quatre heures et demie dans l'espoir de trouver un puits, mais inutilement. Enfin nous campâmes près de quelques Arabes, et ce ne fut pas sans peine que nous parvînmes à les décider à nous vendre l'eau dont nous avions besoin. Le cheikh nous fournit

(1) On trouvera dans le chapitre suivant la description de ce mets.

un excellent souper composé d'agneau et de basine, et notre tente se remplit d'Arabes qui, accroupis sur leurs talons, étaient venus pour assister à notre repas. Quand il fut terminé, nous fîmes du café, et nous en offrîmes au cheikh qui, ne sachant ce que c'était, et craignant quelque perfidie, refusa d'abord d'y goûter; mais quand il vit que nous en buvions, il prit son parti, et l'avala avec confiance. Nous leur montrâmes un kaleïdoscope qui excita une surprise et une admiration universelle. Ils se querellaient comme des enfans à qui l'aurait en mains : le vieux cheikh surtout voulait à peine le laisser sortir des siennes; et, à en juger par leurs éclats de rire et leurs exclamations, ils firent à ce sujet des observations fort extraordinaires.

Les hyènes et les chacals sont fort nombreux en cet endroit, mais le grand nombre de chiens toujours aboyans qui veillent sur les troupeaux, réussit à les écarter : ce vacarme nous tint éveillés pendant la moitié de la nuit.

Le 9 février le pays changea de face : les chemins étaient difficiles et couverts de fragmens de basalte; le terrain devint montueux et irréguliers à mesure que nous approchions des montagnes de Gharian. A dix heures, nous arrivâmes dans un défilé entouré de trois hautes montagnes : on y voit quelques palmiers, et un ruisseau d'eau limpide.

C'est dans cette petite vallée que fut assassiné il y a environ dix ans le *hasnadar* ou trésorier du pacha. Il allait percevoir le tribut des montagnards. A cette époque, on ne pouvait guère en obtenir le paiement sans avoir recours à la force. Le pacha ayant récemment fait la paix avec eux, cet officier n'avait qu'une escorte peu nombreuse. Tandis qu'il faisait ses ablutions, quelques montagnards tirèrent sur lui du haut d'un rocher, le tuèrent, et regagnèrent leurs montagnes. Sa suite retourna à Tripoli, et la guerre fut décidée sur-le-champ. Le pacha mit sur pied une nombreuse armée pour réduire les insurgés. Ceux-ci réunis à d'autres tribus mécontentes se préparèrent à une vigoureuse résistance. Grâce à leur bravoure, et à leurs défilés, l'armée du pacha perdit beaucoup de monde, et fut plusieurs semaines avant de pouvoir gravir les montagnes. Quand enfin elle eut réussi à en prendre possession, on exerça contre ces malheureux toutes les cruautés imaginables; on les étouffa dans leurs demeures souterraines en y jetant du bois et de la paille, auxquels on mit le feu. Douze chameaux chargés de deux mille têtes furent envoyés à Tripoli en signe de victoire. Depuis ce temps, ces montagnards sont toujours demeuré paisibles : ils étaient si redoutés avant leur défaite, que les environs n'avaient aucune communication avec eux, et que peu de personnes se hasardaient à traverser leur pays.

Nous mîmes une heure à monter ce défilé, le plus dangereux que j'aie jamais vu. Les rochers étaient si glissans que nous étions obligés de conduire nos chameaux par la bride, et de veiller sur eux avec la plus grande attention, car le moindre faux pas les aurait précipités au bas de la montagne. Cependant nos chameaux, sans quitter leur pas habituel, arrivèrent au sommet en même temps que nous. Près de l'endroit où nous nous arrêtâmes, nous vîmes une tour dont les murs étaient perçés de barbacanes, pour l'usage de la mousqueterie. Le pacha l'a fait construire ainsi que plusieurs autres, pour tenir les montagnards en respect. Mais comme il n'y entretient pas de garnison, sa précaution lui sera funeste, et ne servira qu'à mettre les Arabes en état de lui opposer une résistance plus opiniâtre, si jamais ils reprennent assez de forces pour lui refuser ses demandes injustes.

Nous fîmes halte dans un endroit que je ne sais si je dois appeler un village ou un guêpier, puisque toutes les habitations y sont sous terre. Cet endroit se nomme *Beni Abbas*. Quiconque ignorerait que cette montagne est habitée pourrait la traverser sans en avoir le moindre soupçon. Toutes les demeures étant formées de la même manière, il me suffira de faire la description de celle du cheikh. Les flancs de la montagne offrent d'abord une couche de terre sablonneuse d'environ quatre pieds d'épaisseur, à laquelle succède la pierre calcaire. On y creuse des trous profonds de vingt-cinq à trente pieds, et d'une largeur égale; cet espace forme une espèce de cour. Sur chacune des faces on creuse dans le roc des chambres voûtées, qui reçoivent du jour par la porte; il y a ordinairement un puits dans la cour, car on trouve l'eau à dix ou douze pieds du fond. Un passage tortueux et couvert, taillé horizontalement dans le flanc de la montagne, conduit à cette habitation. Deux portes très-solides ferment ce passage, l'une à l'entrée, l'autre avant d'arriver à la maison; on les ferme tous les soirs, et lorsqu'on a quelque danger à craindre: il serait presque impossible d'y pénétrer malgré les habitans. Comme ils font rentrer chez eux chaque soir tous leurs bestiaux, ils ne craignent pas d'être réduits par famine: d'ailleurs un siége n'entre guères dans le système de guerre des Arabes, et ce fut pour en éviter la nécessité que les troupes du pacha prirent le parti d'employer contre eux le feu et la fumée.

Après ce village, on entre dans une belle plaine qui peut avoir deux milles d'étendue et qui est supérieurement cultivée. La terre, couverte de grains, de safran et d'oliviers offre un aspect que la stérilité des montagnes voisines rend encore plus riant. Le palmier n'y croît point; le pommier et l'amandier étaient alors en pleine fleur.

Ces montagnards paraissent être des hommes actifs, industrieux et intrépides. Les jeunes gens semblaient se faire un plaisir de nous faire les honneurs de leur beau pays, en nous montrant l'agilité avec laquelle ils grimpent de rocher en rocher comme des chèvres. Je regrettais beaucoup de ne pas savoir assez la langue du pays pour m'entretenir avec eux, et je crois que cette excursion me fit faire de nouveaux efforts pour la mieux connaître.

Le cheikh assista à notre dîner, qui consista en mouton, en œufs durs et en basine. On jeta sur ce dernier mets une sauce bouillante dans laquelle il entrait beaucoup de poivre rouge. Les Arabes regardent comme une grande politesse de déchirer avec leurs mains la viande qu'ils présentent à un étranger, et de presser la sauce du basine : or, leurs doigts n'étant pas toujours d'une grande propreté, un excellent appétit est de première nécessité pour engager un novice à toucher à un dîner Arabe. On nous servit pour souper une espèce de pâte nommée *hatria* qui ressemble un peu au macaroni, et qu'on regarde comme un mets d'honneur.

Pendant toute la soirée, notre tente fut remplie de curieux, nous les régalâmes de la vue de quelques merveilles. Une pierre d'aimant qui fit sortir un canif de son étui fut ce qui leur causa le plus de surprise, et leur fit faire entre eux beaucoup d'observations. Parmi eux se trouvait le cheikh de Bath, bel homme, et qui avait une tournure militaire. Nous devînmes grands amis; notre entretien, qui était presque entièrement par signes, amusa beaucoup le reste de la compagnie. Il m'invita à aller chasser sur sa montagne, et me promit un présent véritablement arabe, un jeune loup et un renard. Il nous dit qu'il y avait environ mille ans, les chrétiens s'étaient établis sur sa montagne, mais qu'ils n'avaient pu s'y maintenir que quarante jours, et qu'ils en avaient été chassés par un de ses ancêtres. Mon nouvel ami était élégamment armé. Il avait un ceinturon brodé, un sabre à fourreau d'argent, et des pistolets richement montés.

Beaucoup de juifs demeurent dans ces montagnes. Leurs habitations sont plus propres et plus commodes que celles des Arabes, et elles sont peintes en blanc. Ces juifs sont les seuls artisans qu'on y trouve, comme à Tripoli, et ils semblent y être mieux traités que partout ailleurs.

Le 10 février, nous partîmes de Beni Abbas pour nous rendre au château de Gharian ou

Kasser Tirk. Nous eûmes à gravir une des plus hautes montagnes de cette chaîne : c'était de là qu'autrefois les Arabes, quand ils se soulevaient contre le pacha, annonçaient leur insurrection aux tribus voisines par des feux entretenus nuit et jour. Nous passâmes la nuit dans un autre village souterrain nommé *El Kazem*, à environ six milles de Beni Abbas. Les habitations sont dans le même genre que celles déjà décrites ; cependant nous y trouvâmes un hangar inhabité, situé au-dessus du sol, au pied d'une petite tour qui, d'après les inscriptions que nous y vîmes, paraît avoir été construite il y a cent cinquante ans. Elle s'élève de trois étages au-dessus du rez de chaussée, et l'on monte de l'un à l'autre par le moyen de bâtons scellés dans le mur. Le plancher, formé par des branches d'arbres, est d'une élasticité effrayante, et la porte d'entrée n'est qu'un trou à peine assez large pour qu'on y puisse passer. Le jour n'y pénètre que par des trous pratiqués pour y faire passer des mousquets. Toutes ces constructions militaires annoncent un noble mépris pour toutes les règles de l'architecture. Sur le flanc d'une petite montagne voisine sont des carrières d'où l'on tire de bonnes pierres meulières.

Le lendemain nous traversâmes une grande vallée romantique qui paraît s'étendre jusqu'au désert. Partout où il se trouve quelques pouces de terre, elle est admirablement cultivée. Nous y vîmes le figuier, l'olivier et la vigne dans un état florissant. Plusieurs de ces arbres étaient ornés du crâne d'un chameau, d'un cheval ou d'un mouton, pour les protéger contre le *mauvais œil.* A deux heures nous arrivâmes au château, immense bâtiment mal construit en pierres brutes, ayant une tour à chaque angle, des embrasures pour le canon, qui avaient été bouchées avec de la boue, et quelques meurtrières pour la mousqueterie : la cour renferme les écuries. On y voit cinq ou six pièces de canon de six, mais elles sont démontées; ce qui est peu important, car, je crois que le pacha ne trouverait personne qui fût assez hardi pour en approcher la mèche. Un cheikh voisin garde la clef du château, qui ne sert que lorsque le kaïd vient recevoir le tribut pour le bey à qui Gharian appartient. Notre chiaoux devint ici un homme d'importance; car, comme il était au service du bey, tous les Arabes venaient lui baiser la main, et lui apporter des présens, ce qui lui fit prendre un air de dignité. Vers la nuit un de nos conducteurs de chameaux, à qui l'on avait confié les fonctions de portier, vint nous apporter la clef du château, et nous informer que nous pouvions y entrer. On nous avertit très-sérieusement que la chambre que nous avions choisie pour y coucher était hantée par une goule (1) et plusieurs diables, attendu que, peu de temps auparavant, on y avait coupé la gorge à quelques prisonniers.

Ce nouveau portier s'était si bien acquitté de ses devoirs, que nous fûmes près d'une demi-heure, le jour suivant, avant de pouvoir sortir, tant nous trouvâmes de serrures à ouvrir, de barres de fer à lever, et de verroux à tirer. Nous partîmes alors, M. Ritchie pour herboriser, et moi pour tâcher de tuer quelques kandys. Cet animal ressemble beaucoup au cochon d'Inde pour la forme; sa couleur est d'un brun cendré, son poil est plus long que celui du rat, et fort soyeux. Il a les yeux grands, noirs et à fleur de tête. L'orifice de ses oreilles qui sont aplaties sur le côté de la tête est également noir, et n'est pas couvert de poils. Sa queue n'a que la longueur nécessaire pour qu'on s'assure de son existence en la touchant, mais il en part une touffe de longs poils noirs. Il a le corps rond, couvert de graisse, s'élargissant vers les épaules. Il se creuse un terrier dans les montagnes. Les Arabes en aiment beaucoup la chair, qui est blanche et grasse, et qui ressemble à celle d'un lapin. Après être resté à l'affut trois ou quatre heures, exposé

(1) Génie femelle d'une nature malfaisante.

à la pluie, je fus assez heureux pour en tuer trois. J'en préparai la peau pour l'envoyer au musée britannique; et je crois que ce seront les premiers individus de cette espèce qui arriveront en Europe.

Le Gharian est célèbre par ses huiles, son safran, qui est très-abondant, et son blé d'excellente qualité. Les habitans sont beaux et bien faits; ils ont un air de liberté dont leurs malheurs n'ont pu les priver. Le tribut se paie au bey en nature, et les juifs qui sont chargés de le recevoir sont libéralement payés par les habitans pour qu'ils ne pèsent pas trop rigoureusement la part du bey; car, quoique, d'après la loi de Mahomet, ce soit un crime capital de se servir de faux poids, ils n'ont aucun scrupule de charger les juifs de ce péché.

Le 13 février, à sept heures du matin, nous nous mîmes en route pour Beniolid, et nous arrivâmes dans cette ville le 15 à deux heures après-midi. Nous nous logeâmes dans la maison, ou pour mieux dire dans l'écurie de la maison du cheikh. Beniolid est bâti dans un ouadey; les maisons y sont construites en pierres brutes, et n'ont guère que huit pieds de hauteur. Elles n'ont pas de fenêtres, la lumière n'y pénètre que par la porte. Les habitans sont de la tribu arabe d'Arfilli; c'est une belle race, et les jeunes filles sont véritablement jolies.

Ces pauvres Arabes sont horriblement opprimés par le pacha, qui les a réduits au plus déplorable état de pauvreté. Ceux qui restent constamment dans le pays sont couverts de haillons. Ceux qui louent leurs chameaux, et qui accompagnent les marchands dans l'intérieur du pays, sont un peu moins misérables. C'était autrefois une peuplade brave et entreprenante qui tenait tête au gouvernement de Tripoli ; et pendant la jeunesse du pacha actuel ces guerriers le protégèrent efficacement contre les troupes de son père. Il les a mal payés de leurs services, car, de tous ses sujets, ce sont eux qu'il persécute le plus cruellement. Ils ont la réputation d'être les plus grands voleurs des environs de Tripoli, et je crois qu'ils la méritent.

Cet ouadey (c'est ainsi que les Arabes nomment les terrains susceptibles de culture dans un désert ou terrain aride) produit peu de grains, mais les palmiers et les oliviers y réussissent parfaitement. On n'y voyait que de vieux oliviers, et nous apprîmes qu'on n'en plantait plus, parce que le pacha assujettissait les jeunes à la même taxe que ceux qui étaient en plein rapport.

L'eau y est excellente, mais les puits y sont

très-profonds ; quelques-uns ont plus de deux cents pieds. Le travail nécessaire pour en tirer l'eau, contribue à la rendre fort rare. Beniolid est la ville des États de Tripoli, la plus voisine du Fezzan du côté du midi ; elle est sur la route la plus courte qui y conduise.

Le 17, nous quittâmes notre écurie pour nous loger dans un bâtiment honoré du nom de château, dans lequel le kaïd réside pendant les visites trop fréquentes qu'il fait dans ce canton. On en chassa une douzaine de nègres pour nous faire place, la seule chambre habitable étant occupée par un chiaoux qui recevait le tribut au nom du kaïd. Il était tous les jours entouré de pauvres misérables qui le suppliaient de les épargner, et de leur laisser quelque chose pour faire subsister leurs familles. Mais ils étaient obligés de satisfaire la cupidité de trois maîtres dont aucun ne leur aurait laissé un mouton, si leurs demandes exorbitantes n'avaient pas été satisfaites. Voici comment les choses se passent. Le pacha demande une certaine somme, et envoie un kaïd pour la recevoir. Celui-ci en exige le double afin de s'enrichir ; il arrive souvent qu'il s'en va en laissant pour substitut un chiaoux dont la rapacité augmente encore la somme à payer. Cette triple exaction cause la ruine de ces malheureux.

Huit pauvres prisonniers étaient enfermés dans les cachots souterrains du château, et pendant les deux jours que nous y restâmes on ne leur donna rien à manger. Leur crime était d'avoir résisté à l'enlèvement de leurs bestiaux qu'on emmenait pour le service du pacha. On pria M. Ritchie de solliciter leur pardon, et il promit d'intercéder en leur faveur : mais avant d'être de retour à Tripoli, nous apprîmes qu'ils avaient tous été décapités.

Un marché se tient toutes les semaines devant la porte du château ; mais ce n'est qu'en tremblant qu'on y apporte les denrées, chacun craignant de paraître trop riche. Le 18 était jour de marché : nous y vîmes quelques moutons et quelques chèvres, des dattes, du blé, et de la poudre à tirer, mais en petite quantité. La population de Beniolid me parut s'élever à deux milles ames ; mais les maisons sont tellement éparses le long du ouadey, qu'on ne peut regarder ce calcul comme très-exact. Deux observations de M. Ritchie fixent la latitude de cette ville à 31° 45' N.

Nous partîmes de Beniolid le 19 pour retourner à Tripoli par une autre route. Nous marchâmes toute la journée sur un terrain plat, rocailleux et stérile. Le lendemain nous trouvâmes de fertiles ouadeys, et des plaines couvertes d'un beau gazon, et arrosées par de petits ruisseaux. Nous y vîmes beaucoup de gibier, surtout des perdrix et des bécassines.

Le 21 nous passâmes près d'un camp arabe. Les enfans nous apportèrent des racines ressemblant à de petites pommes de terre par la forme, mais qui avaient le goût et l'odeur de champignons. Elles croissent dans le sable, et les Arabes les nomment *terfas*. Nous bûmes ce jour-là du lait de chameau pour la première fois. Il contient moins de crème que le lait de vache, et il est un peu salé. Nous nous procurâmes aussi une outre remplie de lait de beurre aigri, dont les Arabes font grand cas, et qu'ils appellent *libban*.

Nous rentrâmes dans Tripoli le 22 à trois heures après-midi. Ayant eu dans cette excursion bien des occasions de voir les Arabes dans l'intérieur de leurs tentes, et de m'instruire de leurs mœurs et de leurs usages, je vais faire part à mes lecteurs de mes observations sur cette race d'hommes extraordinaire.

Les Arabes sont, en général, de grande taille, bien faits, maigres et nerveux. Ils ont la physionomie expressive, les traits réguliers, la figure ovale, le nez aquilin. Quoique leur peau soit naturellement blanche, elle devient basanée, parce qu'ils sont continuellement exposés au soleil, et qu'ils ne font pas des ablutions très-fréquentes. Ils sont actifs, capables de supporter de grandes fatigues et une abstinence sévère, pleins de vivacité, entreprenans et rusés. Quoique généreux, ils demandent sans pudeur. Enfin ils sont vindicatifs, et ne pardonnent jamais.

Le costume des hommes se compose en général d'une grande chemise fort large, et de pantalons de coton. Ils portent des sandales ou des demi-bottes de cuir rouge, lacées par devant, serrées autour de la cheville, et montant jusqu'au gras de jambe. Leur tête est couverte d'un bonnet rouge assez haut pou retomber d'un côté, et qui est orné d'un morceau de soie bleue. Une pièce d'étoffe de laine de vingt à vingt-cinq pieds de longueur de cinq à six de largeur, et d'un tissu un peu plus serré que la flanelle, est plissée autour de leur corps, et arrangée de manière qu'une partie forme un capuchon sur leur tête, tandis qu'un bout rejeté sur l'épaule gauche leur flotte sur le dos. Cette partie de leur vêtement porte plusieurs noms, suivant la qualité de l'étoffe. La plus grossière se nomme *aba*, la plus fine *dgerid*, et celle qui tient le milieu *kholi*. Mais à Tripoli toutes trois portent indifféremment le nom de *barracan*. Quand il pleut ou qu'il fait froid, ils portent un surtout avec un capuchon, et sans manches, qui est fait d'un tissu de laine fort serré et sans couture. Ce surtout se nomme *bornouse*.

Le costume des femmes ne diffère guère de celui des hommes que par la manière dont elles le portent. Les plus pauvres n'ont que le barracan, qui leur couvre la tête, et qui est attaché autour des reins; les autres y ajoutent une chemise. Les jeunes femmes tressent leurs cheveux, et y attachent des grains de verroterie, des morceaux de corail et d'argent, et tout ce qu'elles croient pouvoir ajouter à leur parure. Elles ont un ou deux ornemens en argent, en forme de croissant : elles les attachent sur le côté droit de la tête, qui est souvent entourée, avec une sorte de négligence, d'un grand turban d'étoffe de laine bleue. Elles suspendent à leurs oreilles une multitude d'anneaux d'argent, et leur cou est couvert de plusieurs colliers de verroterie de diverses couleurs. Les vieilles femmes se frisent les cheveux sur le devant de la tête de manière à former une espèce de toupet qui s'avance sur le front; elles se servent des feuilles d'une plante nommée *henné* pour les teindre en rouge mat, ce qui les ferait prendre pour de la laine rouge. Toutes les femmes sont dans l'usage de se tatouer le menton, le bout du nez, l'entre-deux des sourcils, et quelquefois même le cou et les bras. La figure qu'elles se gravent de préférence sur la peau est celle d'une main, parce qu'elle passe pour écarter le danger du *mauvais œil*. Elles portent des bottines lacées comme celles des hommes. Lorsqu'elles sont jeunes, c'est-à-dire jusqu'à quinze et seize ans, elles ont de beaux traits, et sont très-jolies. Elles ont l'œil grand et noir, le nez droit et bien fait, les lèvres minces, et les dents d'une blancheur éclatante : mais elles perdent promptement tous leurs charmes, et deviennent aussi laides qu'elles avaient été belles. Rien ne peut surpasser en gentillesse une jeune fille arabe ; mais les vieilles femmes sont les créatures les plus hideuses que j'aie jamais vues. Les deux sexes se servent de kohol ou de poudre de mine de plomb pour se noircir les paupières, ce qui ajoute au brillant de l'œil, et le fait paraître plus grand qu'il ne l'est réellement. Tous portent une immense quantité d'*adjebs*, ou de charmes, comme préservatifs contre les maladies et les accidens.

Les armes des Arabes sont les mêmes que celles des habitans de Tripoli, c'est-à-dire le fusil, le pistolet, le sabre et le poignard. Ils sont bons tireurs quand ils peuvent appuyer leur fusil ; sinon, ils s'en servent mal. Leur fusil est suspendu à leurs épaules, leurs pistolets sont placés dans une ceinture qui leur entoure le corps, et qui contient les munitions. Jamais ils ne quittent ces deux armes ; mais ils ne portent guère le sabre que lorsqu'ils sont à cheval : alors il est attaché à côté de la selle de manière à rester sous la jambe gauche, le poignet près de la selle. En général ils tirent de Tripoli leur poudre et leur plomb ; cependant quelques-uns d'entre eux savent fabriquer une poudre de qualité inférieure.

Deux sortes d'Arabes habitent le territoire de Tripoli et le Fezzan ; les uns errans, les autres fixés dans des villes, comme à Beniolid, par exemple. Ceux-ci n'en font cependant pas moins des voyages ; mais ils reviennent toujours à ce qu'ils regardent comme leur domicile. Les autres n'ont pas de demeure permanente ; ils transportent leurs tentes partout où les appellent le besoin de pâturages ou d'autres circonstances. Ces tentes sont faites d'une étoffe de laine grossièrement tissue, dont les bandes sont cousues ensemble ; elles sont fort larges, mais peu élevées : leur plus grande hauteur est au centre, d'où elles descendent graduellement jusqu'à terre ; elles sont divisées par des nattes ou des tapis, de manière à ce que les femmes aient un appartement séparé de celui des hommes, et qu'elles soient éloignées des yeux étrangers : elles savent pourtant arranger les choses de sorte qu'elles peuvent voir sans être vues. On forme près de chaque tente un enclos pour y enfermer les moutons et les chèvres pendant la nuit, et l'on enfonce des pieux dans la terre pour y attacher les chevaux, quoique ces animaux soient quelquefois placés dans la même tente que leurs maîtres. Les Arabes sont généreux les uns envers les autres : ils exercent l'hospitalité ; si un étranger arrive chez eux pendant qu'ils font leur repas, ils ne manquent pas de l'inviter à le partager ; dans le cas contraire, ils ne songent pas à préparer des mets tout exprès pour lui. Un ami est cependant toujours sûr de recevoir un bon accueil.

Les Bedouins de Barbarie ne sont pas comparables à ceux d'Égypte ; ils ne sont ni si francs ni si entreprenans, et n'ont aucune de leurs bonnes qualités. Grâce à la tyrannie de leurs maîtres, ils ne sont guère que des esclaves. Une ou deux tribus conservent encore leur indépendance ; mais il est probable qu'elles succomberont bientôt comme les autres. Chaque tribu, et même chaque camp séparé, se trouve sous le gouvernement d'un cheikh, qui est nommé à cette place, soit en raison de son âge, soit par la volonté du pacha ; ils sont respectés comme chefs, quoiqu'une de leurs principales fonctions soit de recueillir le tribut exigé de ceux auxquels il commande. Il y a quelques années, ces cheikhs conduisaient leurs tribus dans les expéditions de pillage, et dans les guerres qu'elles soutenaient pour défendre leur liberté : ils étaient alors choisis par la voix du peuple : le courage et la science militaire donnaient des droits à cette distinction ; mais, depuis les défaites sanglantes et réitérées qu'ils ont essuyées en combattant les troupes du pacha, il n'est plus question parmi eux de guerres offensives ni défensives, et le rang de cheikh n'est plus aussi honorable. On a même vu des Arabes refuser cette place, de crainte que le pacha ne les rendît responsables des fautes de leurs compatriotes.

Les Arabes sont extrêmement supertitieux. Ils vivent dans une crainte continuelle des enchantemens et du pouvoir d'Iblis ou du malin esprit, à qui ils attribuent la plupart des maladies qu'ils éprouvent, et des accidens qui leur arrivent. Ils ne manquent jamais de faire les prières ordonnées par le Coran aux heures accoutumées, à moins qu'ils ne soient en voyage. Ils ne parlent jamais qu'avec vénération du nom et des attributs de Dieu ; ils ont beaucoup de respect pour les idiots, qu'ils regardent comme des êtres chéris du ciel, et incapables de s'occuper des choses de ce monde.

Les mariages se contractent, pour l'ordinaire,

sans que les parties se soient jamais vues. Ils se négocient entre les parens des futurs époux, et jamais on ne demande le consentement de la femme. Le mari fait toujours quelques présens à la famille de la fille qu'il doit épouser, de sorte qu'on pourrait dire qu'il l'achète. Quoique la loi permette à tout musulman d'avoir quatre femmes, il est rare que les Arabes en aient plus de deux, et quelques-uns même n'en ont qu'une. Les Arabes errans ne vivent guère avec des nègresses, ce qui vient peut-être de ce qu'ils n'aiment pas à passer pour pères d'enfans de couleur. Ceux qui sont établis dans des villes sont moins scrupuleux, mais ils le sont pourtant encore plus que les Maures.

Une famille arabe, en marche, présente un spectacle fort extraordinaire à des yeux européens. Les chameaux sont chargés des tentes, et portent en outre les femmes et les enfans. Les hommes marchent à pied, chassant leurs troupeaux devant eux, ou sont à cheval, le plus souvent sans selle et sans bride. Si le voyage doit durer plus d'un jour, on dresse les tentes aux approches de la nuit, et on les replace sur les chameaux au point du jour. Cette opération n'est nullement longue, et les femmes y travaillent avec les hommes. Des chiens blancs, assez semblabes aux loups pour la forme, et ayant la queue garnie de longs poils, gardent les troupeaux pendant la nuit. Ils hurlent plutôt qu'ils n'aboient, et ils attaquent avec une apparence de courage tous les étrangers qui s'en approchent ; mais qu'on les menace d'une pierre ou d'un bâton, ils prennent la fuite en poussant de grands cris.

Il arrive souvent que l'endroit où la famille fixe sa résidence temporaire, est éloigné d'un puits, qui se trouve quelquefois à trois jours de marche ordinaire des troupeaux ; cette circonstance ne décourage pas l'Arabe, et il mène boire ses troupeaux une fois par semaine. Ils pâturent chemin faisant, et les plus longs voyages ne les fatiguent guère. J'ai remarqué que non-seulement les Arabes et leurs chameaux, mais tous les animaux de ce pays, sont doués de la faculté de pouvoir rester long-temps sans boire. Les moutons, s'ils ont des pâturages passables, se passent d'eau pendant un mois. Je serais tenté de croire que les buffles et les antilopes ne boivent jamais, car les puits sont trop profonds pour qu'ils puissent y atteindre, et, dans tout le désert, l'eau ne se trouve jamais près de la superficie du sol. Les loups, les hyènes, les renards et les chacals sont moins en état d'endurer la soif, mais ils trouvent moyen de descendre dans les puits les moins profonds, dont on reconnaît souvent le voisinage par les traces de ces animaux qui vont y boire pendant la nuit.

Les Bédouins sèment le peu de blé qu'ils cultivent, après avoir labouré la terre avec une charrue de constrution grossière, et plus communément avec la houe. Ces endroits cultivés sont respectés par les autres tribus errantes ; le grain est rarement volé. Mais si le pacha est en guerre avec les Arabes, il ne manque jamais de détruire leur moisson. Quand le grain approche de l'état de maturité, ceux qui l'ont semé viennent en faire la récolte, souvent même avant qu'il soit bien mûr, de crainte que les émissaires du pacha ne viennent en saisir leur part ; d'où il résulte que le grain qu'ils récoltent, peut rarement servir pour l'ensemencement de l'année suivante. Quand les dattes commencent à mûrir, beaucoup de familles viennent planter leurs tentes dans les environs de Tripoli pour en acheter. Ils en ôtent les noyaux, les pétrissent ensemble, et les conservent dans des outres pour les mettre à l'abri des insectes et de l'humidité. Cette espèce de pâte, jointe au lait des chameaux et de brebis, fait leur principale nourriture. Le lait de chameau est fort clair, de couleur bleuâtre, comme le lait de vâche mêlé avec de l'eau, et légèrement salé. Il donne fort peu de crême, et se caille très-promptement. Celui de brebis est excellent : mais les Arabes le préfèrent, quant il est aigre et réduit en lait de beurre. On trait les bestiaux matin et soir, et quand on a une quantité de lait suffisante, on le verse dans une outre, qu'on agite, et qu'on secoue jusqu'à ce que le beurre soit formé. On transvase alors le lait dans d'autres outres, où il ne tarde pas à aigrir. On fait fondre le beurre avec un peu de sel, et on le met dans des outres, soit pour le vendre, soit pour s'en servir.

Les Arabes font une espèce de fromage, nommé *tibn*, en faisant cailler le lait par le moyen d'une herbe dont j'ai oublié le nom. On le coupe par petites tranches, on le sale et on le fait sécher au soleil. Ce fromage est assez agréable au goût, c'est le seul que j'aie vu en Afrique. Il est assez rare ; aussi est-ce presque un objet de luxe. On le fait quelquefois griller.

Un grand objet de commerce, est la graisse que l'on retire des moutons que l'on tue. On détache avec soin toute celle qui se trouve sur le corps de l'animal, et on la conserve jusqu'à ce qu'on en ait amassé une grande quantité. Alors, qu'elle soit fraîche ou en putréfaction, on la fait fondre, et on la verse ensuite dans des outres de peau. Elle se vend environ un shilling la livre dans l'intérieur ; mais à Tripoli elle est beaucoup moins chère. Les Arabes s'en servent pour assaisonner presque tous leurs mets. Le goût n'en est pas agréable ; nous finîmes pourtant par nous y habituer.

Les femmes emploient la laine de leurs moutons à faire des barracans, des tapis, des turbans, des chemises et divers ornements. Leurs tentes sont en laine et en poil de chèvre, de même que les sacs dont on se sert pour transporter les marchandises. Elles fabriquent aussi des nattes avec de l'herbe et des feuilles de palmier. Leurs couleurs sont en général brillantes, notamment le noir, le bleu, le rouge et l'orangé. Elles n'ont pas, comme les teinturiers de Tripoli, le secret de produire un beau vert. Les métiers des femmes arabes sont tendus sur le plancher. Elles n'ont pas de navette, et passent laborieusement le fil avec les doigts. Elles chantent presque toujours en travaillant. Les hommes s'occupent rarement dans leurs tentes ; le plus souvent ils ne savent que faire de leurs temps, tandis que les occupations de la cuisine et du ménage ne laissent presque aucun loisir à leurs femmes. Les femmes servent à table leurs maris, et ne se permettent jamais de manger en leur présence.

Les animaux domestiques sont des volailles, des moutons, des chèvres, des chameaux, des chevaux et des chiens. Les chevaux sont très-doux,

4*

et élevés avec les enfans de la famille. L'ambition d'en avoir de beaux n'existe plus chez ces Arabes ; car si quelqu'un de la suite du pacha voulait s'approprier un beau cheval, personne n'oserait refuser de le lui vendre, quelque modique que fût le prix qu'il en offrît. Cependant, quelques Arabes élèvent encore des chevaux pour les vendre, et ils s'en défont lorsqu'ils ne sont encore que poulains. J'en ai vu vendre, dans le bazar de Tripoli, de très-beaux qui venaient du désert, à raison de 40 et 50 piastres.

Le mets qu'on nomme *basine*, et qui porte le nom d'*asida* dans le Fezzan, est la nourriture la plus générale, parce qu'elle est la plus facile à préparer. On y emploie la farine de toute espèce de grain. On se sert principalement de celle d'orge dans les environs de Tripoli. On place sur le feu un pot de cuivre ou de fer, avec un peu d'eau qu'on fait bouillir ; on y jette ensuite de la farine en assez grande quantité pour former une pâte liquide, qu'on remue avec un bâton aplati, en spatule, jusqu'à ce qu'elle prenne la consistance d'un pouding. Alors on la retire du feu, on la met sur un plat, et on la pétrit en masse ronde, en faisant un creux dans le milieu, où l'on verse de l'huile, du beurre ou de la graisse. Le mets est alors préparé, et il ne s'agit plus que d'en arracher, avec les doigts, des morceaux qu'on trempe dans le liquide qui est au centre.

Le *couscoussou*, la *dwida* et l'*atila* sont des préparations de pâtes séchées au soleil. La première ressemble, pour la forme, à la semouille, la seconde au riz, et la troisième à du macaroni brisé en petits morceaux. Quand on veut s'en servir, on les fait bouillir, et on les mange avec de la viande, du beurre, de la graisse, ou, à défaut de tout cela, avec du sel et du poivre rouge.

La *mogatta* est une autre pâte, mince comme une oublie, séchée au soleil, et qu'on mange de la même manière.

La *zumita* se fait avec de l'orge qu'on a laissé un peu fermenter. On la réduit alors en farine, et on y ajoute quelquefois des dattes moulues. On la garde en cet état jusqu'à ce qu'on veuille s'en servir. Alors on le délaie dans un peu d'eau froide pour en former une pâte qu'on trempe dans un peu d'huile avant de la manger. C'est presque la seule provision que les Arabes fassent pour leurs voyages, attendu qu'elle est facile à préparer, et qu'elle est fort nourrissante.

Le pain se fait comme en Europe; on le cuit dans des fours souterrains. On creuse un trou d'environ deux pieds de profondeur, en forme de jarre à col retréci, et on le garnit intérieurement d'une couche d'argile. On le remplit de bois qu'on laisse brûler jusqu'à ce qu'il soit réduit en cendres. Alors une femme, y introduit son bras nu, qu'elle a soin de mouiller, et applique sur les côtés des petits pains, du poids d'environ un quarteron. Quand ils sont assez cuits, si l'on ne les retire pas promptement, ils tombent dans les cendres. On fait cuire aussi dans ces fours une sorte de pâtisserie qu'on appelle *fétaat*, qui ressemble à celle nommée mogatta, si ce n'est qu'elle est plus épaisse. On place au fond d'un plat creux un de ces fétaats, on le couvre d'un lit de jus et de légumes, et l'on y ajoute successivement de semblables couches; jusqu'à ce que le plat soit rempli.

La viande s'apprête de diverses manières. On la fait bouillir, rôtir, et l'on en fait différens ragoûts. Pour leurs voyages, les Arabes la conservent en la coupant en tranches fort minces, qu'ils font sécher au soleil, et qu'ils font cuire ensuite dans de la graisse. Je les ai vus quelquefois manger différentes herbes dans le cours de leurs voyages, et, leur ayant demandé comment ils savaient qu'elles n'étaient pas malfaisantes, ils me répondirent que tout ce que mangeait un animal ruminant pouvait servir à la nourriture de l'homme. Je remarquai, entr'autres, une espèce de dent de lion fort amère, et rendant un jus blanc, que les moutons aimaient beaucoup, ainsi que leurs maîtres. Le goût en est d'abord très-désagréable, mais je m'y accoutumai bientôt.

La coloquinte croît en abondance dans quelques parties du désert, et c'est presque la seule médecine dont les Arabes se servent. Le feu est leur remède universel ; aussi un grand nombre d'entre eux sont-ils couverts de cicatrices. Quoique la chair des loups, des chiens, des chats et des hérissons soit du nombre des viandes défendues, on voit quelquefois des malades en prendre comme remède. On a beaucoup de confiance dans les charmes ou amulettes que distribuent les marabouts. Ce n'est pas assez qu'un homme défende sa personne par de petites prières cousues dans du cuir et attachées à son bras ou à quelque autre partie de son corps, il veut encore que son fusil, son sabre, son cheval, son bonnet jouissent d'une protection semblable. *Le mauvais œil* est ce qu'ils craignent par dessus tout ; si un étranger témoigne une admiration un peu trop vive pour un enfant, un cheval, ou tout autre objet appartenant à un Arabe, celui-ci se croit menacé de quelque grand malheur. Il existe pourtant des moyens de le prévenir; c'est de frotter l'objet admiré avec un doigt mouillé de salive, ou de porter attachée à ses vêtemens, ou gravée sur sa peau, l'image d'une main ouverte. Il est à remarquer qu'un Arabe ne recevra jamais des mains de personne un couteau ni des ciseaux ; ils demandent d'abord que l'instrument soit déposé à terre, et le ramassent ensuite sans difficulté.

Les Arabes n'ont guère d'autres amusemens que la danse et un jeu nommé *hilga*, qui a quelque ressemblance avec les dames. Le bruit qu'ils font dans leurs fêtes et leurs divertissemens est vraiment extraordinaire, et l'on peut l'entendre de fort loin. C'est un cri perçant, qui part du gosier, et auquel se joint un son sourd provenant d'un mouvement rapide de la langue d'un côté à l'autre. Ce cri respire la gaieté, et n'a rien de désagréable quand l'oreille y est accoutumée.

La manière dont les Arabes se saluent n'est certainement pas sans grâce. Deux amis qui se rencontrent se prennent d'abord la main droite; ils se placent ensuite le bout des doigts sur leur bouche, et enfin appuient leur main ouverte sur leur cœur, en inclinant légèrement la tête. Des amis très-intimes lèvent leurs mains jointes assez haut pour que chacun baise le dessus de celle de l'autre, en se demandant en même temps : « Comment vous portez-vous ? » Et quelle que soit la conversation qui s'ensuive, elle est toujours entremêlée de « Comment vous portez-vous ? » quoique celui qui fait cette question pense souvent à toute autre chose qu'à la réponse qui lui est faite. Je citerai ici un autre exemple de leur savoir-vivre. Un Arabe me pria un jour de lui donner un brin de paille qui était près de moi, pour qu'il pût retirer d'une coupe remplie d'eau un oiseau qui venait d'y tomber. Je m'aperçus qu'il ne s'agissait que d'une mouche; mais j'appris ensuite qu'on regardait comme peu respectueux de nommer une mouche devant un supérieur.

Quelques Arabes de l'intérieur nous firent sur notre pays des questions fort curieuses. Comme ils donnent à l'océan Atlantique le nom de *Bahr el Zelem*, ou de mer des ténèbres, ils s'imaginent que, dans les pays situés au-delà, il n'y a ni soleil ni lune, et que nos vaisseaux voguent à l'aide de grandes lanternes. Ils croient aussi que les chrétiens boivent le lait de truie, et que c'est leur principale nourriture. Ils nous plaignent de ne pas avoir de dattiers, et sont convaincus que nous n'avons ni chevaux, ni vaches, ni moutons. « Puisque vous êtes entourés d'eau de toutes parts, » nous disaient-ils, « comment auriez-vous assez de terrain pour faire paître vos troupeaux? » Quelques-uns, au contraire, se font une haute idée de notre puissance et de notre richesse; mais, quand on leur dit que notre pays est une île, leur admiration éprouve un grand déchet.

Ils avaient la plus grande vénération pour Buonaparte, ou Bono-Parto, comme ils l'appellent; non pas à cause de ses exploits militaires, mais parce qu'il avait, leur avait-on dit, 200,000 piastres à dépenser par heure, et qu'il était assis sur un trône d'or.

Ils sont excellens cavaliers, et quoique leurs chevaux soient assez mal nourris, ils leur font faire de très-longues courses. Mais le ressort qui leur donnait de l'activité est détendu, depuis qu'ils n'ont plus de guerre à soutenir. Du temps de Oualed Souliman, ils infestaient la route de Tripoli au Fezzan, faisaient des excursions, et surmontaient des difficultés qui égalent tout ce qu'on raconte des anciens Arabes. Cette tribu de Oualed Souliman s'était emparée de tous les défilés qui conduisent de Tripoli dans l'intérieur, et s'était rendue si redoutable, que peu de marchands osaient y passer, même quand elle était en paix avec le pacha. Elle est aujourd'hui complètement détruite. Il y a environ huit ans, le pacha d'un côté, et Mekni de l'autre, les attaquèrent si vivement, qu'ils les forcèrent à se disperser; et se trouvant divisés en petites troupes, ils ne purent se défendre contre les armées qui les poursuivaient. C'était l'usage dans cette guerre, comme dans toutes celles qui l'avaient précédée, de ne faire aucun quartier. Tous les prisonniers étaient massacrés, et l'on exerçait contre eux toutes sortes de cruautés. Deux cent cinquante de ces malheureux, qui furent pris dans le ouadey de Chili, dans le Fezzan, furent égorgés de sang froid, quoiqu'ils se fussent rendus à condition d'avoir la vie sauve. Le petit nombre de ceux qui échappèrent à cette destruction, errèrent quelque temps dans le désert, une partie furent tués, et les autres s'incorporèrent dans d'autres tribus.

Telle fut la fin de la tribu de Oualed Souliman, qui laissera un long souvenir chez les Arabes; il est peu d'endroits dans cette partie de l'Afrique qui n'en rappelle la mémoire. Un de nos amis, qui, dans les premières guerres, avait épargné la vie d'un de ses chefs, revenait, quelques mois après, du Fezzan, avec une caravane qui ramenait des esclaves et d'autres marchandises; ils furent arrêtés par cette tribu, dans un défilé où ils ne croyaient guère la rencontrer. Ils s'attendaient à être dépouillés de tout ce qu'ils possédaient, et même à être massacrés, quand un des chefs reconnut celui qui lui avait autrefois sauvé la vie. Aussitôt la scène changea. On tua dix-huit moutons, autant de chèvres et quelques vaches; on fêta la caravane pendant trois jours, et on lui rendit tout ce qui lui appartenait.

CHAPITRE III.

Départ de Tripoli avec le sultan Mekni.—Insuffisance des fonds accordés à M. Ritchie pour le voyage.— Visite à la femme du cheikh Baroud. — Château de Bonjem. — Inscription latine. — Vent du désert. — Arrivée à Sokna. — Description de cette ville.— Excursion à Houn et à Ouadan. — Autruches. — Départ de Sokna. — Cadavres desséchés. — Sebha. — Honneur rendu au sultan à Zgleim.

De retour à Tripoli, nous apprîmes que Mekni n'obtiendrait pas de troupes du pacha, comme il s'en était flatté, et qu'il allait partir uniquement avec sa propre suite. Il nous avertit donc de nous tenir prêts à l'accompagner sous peu de jours. En conséquence, M. Ritchie fit les provisions nécessaires pour un voyage dans le désert. Il acheta des *gerbas* (outres de peau), et fit, en un mot, tous les préparatifs convenables. Ses fonds étant presque épuisés, il écrivit à lord Bathurst, pour en solliciter de nouveaux. Je tirai sur l'Angleterre pour notre propre compte, et je remis à M. Ritchie, pour notre usage commun, le produit de cette négociation. Mekni devint notre débiteur de 300 piastres, pour quelques objets que M. Ritchie lui avait fait venir de Malte, et il nous promit de nous payer cette somme lors de notre arrivée dans le Fezzan. C'était avec d'aussi faibles ressources que nous allions entreprendre notre voyage, sans savoir quand et comment nous pourrions nous en procurer d'autres. Le loyer de nos chameaux était payé d'avance, mais nous avions d'autres dépenses inévitables, et nous ne pouvions douter qu'elles n'excédassent des moyens si bornés.

Les 2,000 liv. st. accordées à M. Ritchie, avaient été employées à acheter des marchandises, des instrumens, des armes, et d'autres objets nécessaires à sa mission. Mais les marchandises choisies en Angleterre, ne pouvaient nous être que de bien peu d'utilité dans l'intérieur de l'Afrique, ce que nous n'apprîmes que trop tard. A l'exception de quelques articles de coutellerie, nous n'avions rien qui fût de défaite. Nous avions une immense quantité de grains de verroterie et de miroirs; mais ces objets n'étaient pas recherchés par les nègres, sur qui la mode exerce autant d'empire que sur les habitans des pays civilisés. Tel était l'état défavorable de nos affaires quand nous commençâmes ce voyage hazardeux. Mais malgré les fâcheux présages qu'on pouvait en tirer, nous partîmes avec la ferme résolution d'agir de manière que si nous venions à échouer dans notre entreprise, on ne pût en accuser le manque de zèle.

Le 18 mars, le pacha tint une audience publique, et Mekni, en présence du consul d'Angleterre et en la nôtre, promit solennellement de nous aider de tout son pouvoir.

Le 22, tout étant prêt pour le départ, j'accompagnai nos chameaux au-delà du Mechia, M. Ritchie ayant préféré rester en ville jusqu'au dernier moment. Belford et moi nous tendîmes notre tente, et je m'amusai à marquer nos marchandises de manière à distinguer la charge de chacun de nos chameaux pour éviter la confusion. Notre caravane s'augmenta d'un assez grand nombre de nègres qui avaient obtenu leur liberté, et qui retournaient dans leur pays. Mekni n'était pas encore arrivé le 24, mais ses deux négresses et ses esclaves vinrent nous joindre. Ces deux femmes étaient portées sur des chameaux dans une espèce de litière ou de cage en bois fort léger, couverte de drap écarlate, de manière à ce que celle qui y était enfermée ne pût être vue. L'une d'elles avait été deux fois avec Mekni sur les bords du Niger, et se nommait Zaïtoun (l'olivier). Zeman Donya (le temps du monde), était le nom de la seconde, la mère du jeune enfant dont j'ai déjà parlé. Comme j'étais à écrire dans notre tente, quelques Arabes y entrèrent, et parurent s'amuser beaucoup en me voyant écrire de gauche à droite. Mais quand je leur dis que ma lettre était adressée à une femme, leur étonnement ne connut plus de bornes, et ils rirent de bon cœur de l'idée qu'une femme pût savoir lire.

Le 25, la caravane se mit en marche, et ce ne fut que le 26, au commencement de la nuit, que Mekni la rejoignit à la tête de cinquante cavaliers bien équipés, et précédés par une troupe de musiciens. Le 27, nous apprîmes qu'une troisième litière (chiblia) avait joint la caravane, et qu'elle contenait la femme du cheikh Baroud, directeur de la caravane, et chargé des affaires de Mekni.

Nous arrivâmes le 30 à Beniolid, où nous passâmes toute la journée du lendemain. Mekni se logea dans le château, et nous dressâmes notre tente dans le ouadey, au milieu d'une plantation d'oliviers. Mekni nous avait prévenu de ne pas camper dans le fond du ouadey, dont l'humidité était dangereuse. Il nous dit qu'il était quelquefois rempli d'eau, de manière à couvrir tous les oliviers (de 30 pieds de hauteur au moins). Les naturels du pays nous en dirent autant, et ajoutèrent que des hommes et des animaux avaient souvent été noyés pendant la nuit; les torrens descendant des montagnes entre lesquelles le ouadey est situé, avec tant d'impétuosité, qu'une heure ou deux suffisent pour inonder tous les environs.

Un enfant qui nous avait accompagnés depuis Tripoli, vint me faire, avec enthousiasme, l'éloge des charmes de Lilla Faumé, femme du cheikh Baroud. *C'est une femme blanche*, me dit-il, *la plus belle que j'aie jamais vue, et si grasse qu'elle peut à peine marcher. Son bras, que Dieu le bénisse! est aussi gros que mon corps. Elle dit qu'elle voudrait vous voir, ainsi que Sidi Youssuf.* Il était impossible de résister à cette espèce d'invitation, et j'allai sur-le-champ lui rendre visite, l'enfant me servant d'interprête. Lorsque j'entrai dans sa tente, elle se voila de manière à faire paraître avec avantage son bras, et tous les ornemens dont il était chargé. Je la conjurai de me laisser voir son visage, et elle y consentit sans trop se faire prier. Son menton, le bout de son nez, et l'intervalle séparant ses sourcils, étaient marqués de lignes noires, ses joues couvertes de rouge; ses jambes, ses bras et son cou, étaient tatoués, et l'on y voyait des cercles, des fleurs, des mains ouvertes, le nom de Dieu et ceux de ses nombreux amis. Elle avait une multitude de pendans d'oreilles en or et garnis de fausses pierres, dont le poids ne pouvait guère être moindre de deux à trois livres. Elle portait une chemise de soie rayée; un barracan de soie pourpre l'enveloppait avec grâce, et était attaché sur sa poitrine par une épingle d'or et quelques autres ornemens de même métal. Enfin, tous ses autres atours étaient étalés autour de la tente. Une multitude de pauvres femmes arabes, maigres et laides, étaient assises auprès d'elle, admirant un modèle de perfection dont elles n'avaient jamais vu le pareil. Elles touchaient suivant leur usage, tout ce qui attirait leur attention, de sorte qu'une douzaine de mains s'occupaient en même temps à manier ses bijoux et sa personne. Une jambe énorme à demi découverte, excita surtout leur enthousiasme. Elles ne pouvaient se lasser de la presser, d'en admirer la fermeté, et remerciaient Dieu de leur en avoir accordé la vue, toutes convenant qu'elles n'avaient jamais vu une femme si belle, ni si grasse, et je dois avouer que jamais masse si monstrueuse de chair humaine ne s'était présentée à mes regards.

Elle me reçut avec beaucoup de politesse, m'invita à m'asseoir près d'elle ; et une des premières questions qu'elle m'adressa fut pour s'informer s'il y avait dans mon pays des femmes aussi belles et aussi grasses qu'elle. Quant à l'embonpoint de mes concitoyennes, je lui dis que je n'en connaissais aucune qui pût se vanter d'avoir la moitié de son admirable rotondité, ce qu'elle prit pour un compliment très-flatteur. Je ne portai pas plus loin la comparaison, quoiqu'elle eût véritablement des traits agréables. Tandis que nous causions, elle s'amusait à battre avec les mains, d'une espèce de tambour de terre, qu'on nomme *dirbouka*. Voyant que je semblais m'en amuser, elle ordonna à un vieillard de se lever et de danser. Les femmes l'accompagnèrent de leur voix, et en battant la mesure avec les mains. Le danseur exécuta différentes figures toutes plus indécentes les unes que les autres, et une femme qui lui succéda renchérit encore sur lui à cet égard. Il fallut bien applaudir à ces danses. Fatmé daigna alors me faire l'honneur de figurer elle-même quelques attitudes du même genre. A l'arrivée de M. Ritchie, Fatmé baissa son voile comme elle l'avait fait quand j'étais entré. Elle découvrit bientôt une ressemblance entre lui et son premier mari; l'un et l'autre étaient extrêmement maigres: mais cette ressemblance n'allait pas plus loin, car son premier mari, quand elle avait été obligée de le quitter par ordre du pacha, avait cinquante ans et était fort basané, au lieu que M. Ritchie n'en avait que vingt-sept, et avait le teint fort blanc. Elle parut très-contente de notre visite;

et après nous avoir aspergés d'eau de roses, elle nous permit de nous retirer. En rentrant dans notre tente, nous lui envoyâmes un peu de café et quelques morceaux de sucre.

Pendant les cinq jours suivans, nous voyageâmes dans un désert sablonneux et stérile, sauf quelques ouadeys où nous trouvâmes des broussailles, que nos chameaux ne dédaignaient pas. Le six avril nous arrivâmes au puits de Bonjem, dont l'eau ressemble pour le goût et l'odeur à celle qui se trouve à fond de cale d'un navire. Il se trouve dans une couche de terre noire, à environ cinq pieds au-dessous du sable. A un demi-mille du puits, est un château romain, situé entre de hautes montagnes de sable. Il forme un parallélogramme, dont chaque côté fait face à l'un des points cardinaux. Au centre de chaque muraille est une grande porte cintrée, flanquée de deux tours. Chaque façade est d'un style différent. Une seule existe dans son entier, les trois autres sont, ou détruites, ou enterrées sous le sable. Les pierres qui ont servi à élever cet édifice, sont de la même grandeur que celles qu'on voit dans toutes les constructions romaines. On trouve dans l'intérieur d'énormes pierres, qui semblent avoir servi autrefois à soutenir quelque bâtiment. Quelques-unes s'élèvent de dix pieds au-dessus du sable qui en couvre la base. On voit encore l'ouverture d'un puits portant les marques des cordes dont on s'est servi pour en tirer l'eau; mais il est entièrement rempli de sable. Les murs qui s'étendent de l'est à l'ouest, ont plus de deux cents pas de longueur; dans certains endroits ils sont enterrés dans le sable dans toute leur hauteur. Ceux qui vont du nord au sud n'en ont qu'environ cent cinquante. Il paraît que les Arabes, probablement du temps des califes, ont fait usage des tours situées du côté du nord; car on voit, sur le haut des premières constructions des restes de leur maçonnerie grossière. Au-dessus de chaque porte est une inscription; nous trouvâmes, en les comparant, que c'était la même des quatre côtés. Celle du côté du nord est la mieux conservée, en voici la copie figurée :

IMP. CAES. L. SEPTIMIO. SEVER°.
PIO. PERTINACI. AVG. TRPOTV. IIII.
IMP CSIIPPET IMP. CAES. M
AURELIO. ANTONINO. V RI
IIII. ET. SEPTIMIO CAE
AVG. O. ANICIO. FAVSTO. LEG
AVGVSTORVM. CONSVLARI
IPO. III. AVG. PV

Sous chacune de ces inscriptions on voit un grand aigle en bas relief; mais la sculpture en est aujourd'hui tellement mutilée, qu'à peine y peut-on reconnaître cet oiseau.

Cette place est la frontière septentrionale du Fezzan. Tous les esclaves que Mekni envoie au pacha sont aux risques et périls du premier jusqu'à Bonjem; mais s'ils meurent au-delà de cet endroit, c'est pour le compte du second. De même quand le pacha envoie à Mekni des chevaux ou des marchandises, il en est responsable jusqu'à Bonjem, après quoi tous les risques sont pour le sultan. Tous les chameaux égarés dans le désert appartiennent à celui des deux pays dans l'étendue duquel ils se trouvent. Bonjem, d'après les calculs de M. Ritchie, est sous la latitude de 30° 35' 52" N.

Nous nous attendions, en quittant Tripoli, à être fort ennuyés par les prières que tout bon musulman doit faire cinq fois par jour, mais dont le nombre se réduit à trois quand on est en voyage. Mais nos compagnons n'étaient nullement exacts à remplir ce devoir religieux, et il n'y en avait que deux ou trois qui fissent quelques prières. Quant à Mekni et aux gens de sa suite, ils ne semblaient pas seulement y penser. Le seul dévot de toute la caravane était un de nos conducteurs de chameaux qui hurlait à haute voix, toute la journée, des versets du coran, et des charmes contre le diable. Cependant, en dépit de toute sa sainteté, c'était le plus grand coquin de toute la troupe. Ce drôle, en parlant de nous, nous appelait avec mépris *romis* (chrétiens); mais Mekni en ayant été informé le menaça d'une sévère bastonade s'il nous donnait d'autre nom que celui de mameloucks.

Nos compagnons de voyage, en faisant avec nous une connaissance plus intime, découvrirent bientôt les talens en médecine de M. Ritchie, et l'accablèrent sans relâche du récit de leurs maux réels ou imaginaires. Tous voulaient être saignés et prendre médecine. Il remit à mes soins deux de ceux qui étaient les plus importuns, et dont la maladie n'existait que dans leur imagination. Je leur préparai avec un air de gravité affectée un mélange de café, de sel, de vinaigre et de poivre rouge, et je leur en fis prendre à chacun une cuillerée, en leur donnant, du ton le plus sérieux, des instructions sur ce qu'ils devaient boire et manger pendant la journée. Le lendemain j'appris, à ma grande satisfaction, que mes deux malades avaient répandu dans toute la caravane le bruit des effets merveilleux de la médecine que je leur avais donnée.

Le 7 on envoya à Mourzouk un Arabe, monté sur un *meherry* (chameau de course), pour y annoncer l'arrivée du sultan. Les cavaliers s'amusèrent à escarmoucher devant Mekni; les nègres dansèrent et chantèrent malgré leur lassitude. Le sultan lui-même, prenant mon fusil, courut au grand galop, et fit feu plusieurs fois. Toutes ces démonstrations avaient pour objet de célébrer notre entrée dans le Fezzan.

Pendant toute la journée du 8, nous voyageâmes à travers des montagnes arides. Un de nos chameaux mourut, tous ceux de la caravane souffraient considérablement, n'ayant trouvé aucune pâture depuis plusieurs jours. Le lendemain, nous traversâmes un pays plat, une plaine, un ouadey dans lequel nous trouvâmes un puits, mais toujours sans fourrage pour nos chameaux. L'eau de ce puits était saumâtre et fétide: encore fallut-il creuser pour en trouver. Nos chevaux léchaient avec avidité la terre humide qu'on rejetait sur les bords. Le 10, nous entrâmes dans un petit ouadey un peu moins stérile, dans lequel, en dépit d'un violent vent de sirocco, nous réussîmes à dresser nos tentes. Ce vent faisait voler le sable en si grande quantité qu'on ne voyait pas à trente pas, et qu'il nous fut impossible de préparer nos mets. Mekni se réfugia sous notre tente, et nous conseilla de nous mettre en chemise, disant que c'était le meilleur moyen de résister à cette pluie de sable. M. Ritchie lui fit présent d'une de nos tentes qui était beaucoup meilleure que la sienne. Après midi, le vent s'étant calmé, on laissa les chameaux paître quelques broussailles jusqu'à trois heures. En examinant quelques-unes de nos marchandises, nous reconnûmes que la chaleur avait fendu un grand orgue, ce qui ne laissa pas de nous contrarier. Nous aurions pu arriver le même jour à Sokna, mais le sultan voulant faire son entrée le matin dans cette ville, nous fîmes halte dans un endroit nommé Hammam, couvert de palmiers, et où il se trouvait deux puits d'assez bonne eau.

Le lendemain, à sept heures du matin, la caravanne se remit en marche : toute la suite du sultan était en grand costume; et comme nous n'avions pas pensé qu'il fût nécessaire de faire toilette, nous avions conservé le vêtement de simple Arabe. Mekni ne fut pas très-content de cette négligence, car comme nous avions l'honneur, M. Ritchie et moi, d'être placés à ses côtés, et que nous passions pour des personnages d'importance, il aurait voulu que nous fussions aussi richement habillés que qui que ce fût. A quelque distance de la ville, les soldats commencèrent à courir en avant en faisant des décharges de mousqueterie, et les musiciens faisaient un bruit à rendre sourd. Ce fut bien pis quand nous rencontrâmes la députation venant de la ville. Elle était composée de six à sept cents hommes armés, accompagnés d'un nombre de spectateurs encore plus considérable : des danseuses les précédaient, et tout en prenant les attitudes les plus extraordinaires, elles appelaient à grands cris les bénédictions du ciel sur le sultan et sa famille. A environ cent pas de nous, les habitans de Sokna firent une décharge générale de leurs mousquets, et poussant des cris aigus s'avancèrent vers Mekni pour lui baiser la main.

Nous entrâmes dans la ville à dix heures, et l'on nous conduisit dans une maison qui nous avait été destinée. Nos chameaux arrivèrent dans la soirée ; nous nous revêtîmes de nos plus beaux habits pour aller rendre nos devoirs au sultan. Nous le trouvâmes entouré d'une centaine d'Arabes ; tous parlaient à la fois. Il s'agissait d'affaires financières, et Mekni paraissait les écouter avec une patience extraordinaire. Nous commencions à nous familiariser avec la langue arabe ; j'y avais fait de grands progrès en apprenant l'anglais au jeune Youssuf, fils de Mekni.

Sokna est situé dans une immense plaine de sables, bornée au sud par les montagnes de Soudah, à environ quinze milles, et par celles de Ouadan à environ trente milles à l'est. Une autre chaîne de montagnes plus éloignées en forme les limites du côté du nord, et il en est de même du côté de l'ouest. La ville est entourée de murs, et peut contenir deux mille ames. Elle a sept portes, mais il n'y en a qu'une seule par où un chameau chargé puisse passer. Les rues sont fort étroites, les maisons sont construites en terre et en petites pierres. La plupart d'entre elles sont élevées d'un étage au-dessus du rez de chaussée. Une petite cour en occupe le centre, et les portes qui s'ouvrent sur cette cour donnent le seul jour que reçoivent les appartemens. L'eau y est généralement saumâtre et amère. Environ deux cent mille dattiers plantés dans les environs paient un droit au sultan, et il y en a presque autant qui en sont exempts parce qu'ils ne rapportent pas encore de fruit. Ces plantations sont situées à environ deux ou trois milles de la ville. Les dattes sont d'une qualité supérieure à toutes celles qu'on trouve dans le nord de l'Afrique : aussi les vend-on fort cher à Tripoli. Il faut envoyer les chameaux à cinq milles de la ville pour qu'ils puissent trouver quelque pâture. Les moutons viennent de Béniolid, et par conséquent se vendent fort cher. Dans des jardins, situés à trois milles de la ville, on cultive l'orge, le maïs, le poivre rouge, l'oignon et le navet. On y est assailli par d'immenses essaims de mouches : aussi chacun est-il armé d'une espèce de houssoir fait de poils de taureau sauvage attachés à un petit bâton, pour les écarter. Les dattes qu'on dépose dans des magasins situés dans la ville contribuent probablement à attirer ces insectes qui, en quelques minutes, remplissent tous les vases contenant un liquide quelconque. Cette ville paie un tribut annuel de deux mille piastres, sans compter une taxe d'une piastre par deux cents dattiers. Toute la suite du sultan, dont nous étions censés faire partie, recevait deux fois par jour une distribution de vivres, pour lesquels le cheikh faisait contribuer tous les habitans. On nous donnait aussi tous les jours pour nos chevaux une ration de dattes, qui forment en ce pays leur principale nourriture.

Les habitans de Sokna portent le costume des Bedouins. Comparés aux Arabes des côtes, les hommes y sont d'une propreté remarquable; les femmes passent pour être jolies : j'en vis deux sous la tente de Fatmé qui l'étaient véritablement. On ne fait pas l'éloge de leurs mœurs.

Quand le Fezzan était gouverné par un prince du pays, Sokna et les deux villes qui en sont voisines jouissaient d'une sorte d'indépendance. Leur distance de Mourzouk et de Tripoli les mettant à l'abri de toute surprise. Tous les mécontens de ces deux pays venaient s'y réfugier, et la population s'élevait alors au double de celle d'aujourd'hui. On parle à Sokna une langue particulière, qui est celle des touaricks du grand désert.

Mekni passait toute la journée à recevoir lui-même le tribut. Un certain nombre d'Arabes étaient introduits tour à tour, faisaient, avec beaucoup de bruit et de chaleur, des réclamations contre la somme qu'on exigeait d'eux : mais jamais Mekni n'y avait égard ; et lorsque quelques-uns se montraient trop opiniâtres, il faisait crier par quelqu'un de sa suite, *le fettha*, c'est-à-dire, le premier chapitre du Coran : aussitôt chacun récitait la prière, après quoi il fallait se retirer pour faire place à d'autres, qui étaient traités de la même manière.

L'année précédente, on avait trouvé un matin le prédécesseur du cheikh actuel, assassiné. Il n'avait pas été permis de faire aucunes recherches pour découvrir l'auteur de ce crime ; mais comme il avait été commis dans la ville, les habitans furent condamnés à payer une amende de 2,000 piastres à Mekni, qui passait pour avoir ordonné ce meurtre.

Le sultan s'étant décidé à faire partir son fils avec des personnes de confiance qu'il envoyait pour recevoir le tribut à Houn et à Medan : il nous permit de les accompagner, pour nous fournir l'occasion de voir ces deux endroits. Nous partîmes le 14 avril avec une troupe d'environ 30 cavaliers. Le jeune Youssuf fut confié à un Arabe nommé Ibrahim, chargé aussi de pourvoir à tous nos besoins.

La ville de Houn est située à environ dix milles est-sud-est de Sokna. Elle est plus petite que cette dernière, mais entourée de murailles et bâtie de la même manière. Elle a trois portes, trois mosquées et un grand bâtiment qu'on honore du titre de château fort, quoiqu'on n'y voie pas même une barbacane pour tirer un coup de fusil. Les habitans reçurent Youssuf avec le même cérémonial que si c'eût été le sultan lui-même, c'est-à-dire, au son des instrumens, avec force décharge de mousqueterie; des danseuses continuèrent à figurer pendant presque toute la journée. Nous remarquâmes, dans les cimetières voisins de la ville, que presque toutes les sépultures étaient ornées d'œufs d'autruche. Il en était de même des portes et des angles des mosquées. Dans la soirée, nous allâmes voir les jardins situés près de la ville, qui semble disparaître derrière les plantations de dattiers qui l'entourent. Le sol est sablonneux: cependant les grains semblaient promettre une moisson abondante, la terre étant constamment rafraîchie par le moyen de petits canaux venant de puits, dont l'eau est saumâtre.

On prévint les habitans de la somme qu'ils auraient à payer à notre retour de Ouadan, et nous partîmes le lendemain pour cette place, située à 12 ou 13 milles, en remontant un peu vers le nord-est. Ouadan n'est pas entourée de murs, et est, à tous égards, fort au-dessous de Sokna et de Houn, quoique son aspect soit beaucoup plus agréable, étant bâtie sur une montagne de forme conique, sur le haut de laquelle sont quelques maisons environnées d'un mur; c'est là ce qu'on appelle le château. Il s'y trouve un puits très-profond, taillé dans le roc, et qui n'est certainement pas l'ouvrage des Bédouins. Un chérif nous conduisit dans une mosquée, et nous y fit voir une pierre incrustée dans le mur, sur laquelle est gravée en relief une inscription arabe, qui, d'après sa date, doit avoir 600 ans. M. Ritchie n'osa la copier. Nous ne connaissions pas assez les mœurs des Arabes pour savoir s'ils ne le trouveraient pas mauvais. Les sépultures et les mosquées sont ornées d'œufs d'autruche, comme celle de Houn.

Les habitans de Ouadan sont des Arabes de la tribu de Moadjir qui s'occupent principalement à faire paître leurs troupeaux dans les sirtes. On y trouve aussi un grand nombre de chérifs, c'est-à-dire, de descendans du Prophète.

A quelques milles de la ville, du côté de l'est, est une chaîne de montagnes, peuplées d'une immense quantité de buffles. On en distingue de trois espèces. Le *ouadan*, animal de la taille d'un âne, ayant de très-longues cornes, le cuir rougeâtre, et de grandes touffes de poils de 18 à 20 pouces de longueur qui leur tombent des épaules. Ils ont la tête fort grosse et sont très-méchans. Le *bogra el oueiche*, est encore un buffle rouge, ayant de grandes cornes, mais de la taille d'une vache ordinaire, et lent dans tous ses mouvemens. Le *buffle blanc*, un peu moins grand, est un animal aussi léger que timide, et qui se laisse difficilement atteindre. Ces animaux mettent bas en avril ou en mai. Il y a aussi dans ces montagnes une grande quantité d'autruches, et le produit de la chasse de ces oiseaux fait vivre une grande partie des habitans de Ouadan. Tous les Arabes sont d'accord sur la manière dont l'autruche couve ses œufs, qu'elle ne laisse pas éclore à la chaleur du soleil, comme on le croit communément. Elle se construit un nid assez grossier, y pond 14 à 18 œufs, et les couve de la même manière que la poule, le mâle prenant de temps en temps la place de la femelle. C'est pendant qu'elles élèvent leurs petits qu'on s'en procure le plus grand nombre; les Arabes tuent les mères tandis qu'elles sont sur leurs nids. Dans les trois villes dont je viens de parler, on élève des autruches dans des basses-cours, et l'on récolte leurs plumes trois fois en deux ans. D'après les peaux d'autruches sauvages que j'ai vu exposer en vente, je crois que toutes les belles plumes qu'on envoie en Europe viennent de celles qui sont privées, les autres ayant les leurs tellement souillées et brisées, qu'elles n'en ont quelquefois pas une douzaine de bonnes. Je ne parle ici que des plumes blanches; car les noires, étant plus courtes et plus flexibles, sont généralement en bon état.

Le 16, nous retournâmes à Houn. C'était un vendredi, et chacun se préparait à se rendre à la mosquée. M. Ritchie ne se soucia pas d'y aller; moi, je résolus de faire mon début, et de voir comment je pourrais m'acquitter du rôle de musulman. J'y accompagnai donc les gens de la suite du sultan qui parurent charmés de me voir les suivre; et il me sembla que je jouais mon personnage assez bien, quoiqu'un ou deux vieillards me regardassent d'un air soupçonneux. Un enfant, né à Houn, qui était venu avec nous de Tripoli, nous fit voir toute la ville, et appelait toutes les jeunes filles de sa connaissance, en leur disant de venir voir les nouveaux mameloucks. Plusieurs s'approchèrent le visage découvert, et parurent prendre plaisir à causer avec nous, riant beaucoup des méprises que nous faisait faire notre peu de connaissance de la langue arabe. L'enfant nous demanda si nous venions dans le pays pour acheter des nègres; et, sur ce que nous lui dîmes que l'esclavage des nègres était en horreur dans notre patrie, il s'écria : « Maudit soient leurs pères! » (expression fort en usage parmi eux) « A quoi « sont-ils bons, si ce n'est à nous servir? » Cette façon de penser est commune à tous les Arabes, qui croient très-religieusement que les nègres ont été créés pour leur service.

Le cheikh ayant payé le tribu dû au sultan, nous retournâmes à Sokna. Pendant que nous étions dans cette ville, je fis l'épreuve du degré d'autorité que nous pouvions prendre sur les Arabes. Pendant tout le voyage, j'avais remarqué un pauvre esclave, âgé d'environ cinquante ans, si fatigué qu'il pouvait à peine nous suivre. C'était un vrai squelette ; mais ses jambes et ses pieds étaient fort enflés. Il appartenait à l'un des propriétaires de nos chameaux; et celui-ci, malgré l'état déplorable où ce malheureux était réduit, l'occupait toutes les nuits à garder les chameaux, et le battait fréquemment durant le jour. Pendant notre séjour à Sokna, il avait été envoyé dans le désert avec les chameaux, et en était revenu avec la fièvre ; comme il ne pouvait se soutenir, son maître le roua de coups, et se fit même aider dans cet acte de cruauté par un autre Arabe. J'en fus révolté ; je lui fis des représentations, mais il n'en fit que rire, et ne me répondit qu'avec mépris. J'allai me plaindre au chef des nègres de Mekni, et je lui jurai par la tête du sultan, qu'il fallait que le maître de l'esclave fût puni. A ma grande satisfaction, il fit donner au drôle, sur-le-champ, une bastonnade si sévère que les deux esclaves chargés de l'administrer en avaient les bras fatigués. De retour chez moi, j'y retrouvai l'autre Arabe, qui me parla encore d'un ton insolent; mais, à son grand étonnement, je me chargeai de lui appliquer moi-même une correction, quoique je ne fusse pas sans crainte qu'il ne cherchât à s'en venger par la suite. Mais je vis bientôt que je n'avais rien à craindre, car ces deux hommes ne passèrent jamais un jour sans venir me baiser la main; ils caressaient même le pauvre esclave, toutes les fois que je pouvais l'apercevoir.

Toutes les affaires du sultan étant terminées, on se prépara au départ. M. Ritchie fit un présent au cheikh, consistant en poudre à tirer, et en quelques articles de coutellerie. Mais nous apprîmes ensuite que Mekni s'en était emparé. Le 22 avril, nous partîmes de Sokna, qui est situé sous la latitude de 29° 5' 36" N. A une heure, nous passâmes près d'une petite source, la seule qui existe dans les environs : elle a environ deux pieds de diamètre ; l'eau en est assez bonne. Mekni nous dit, avec un air de conviction, qu'un jour, un marabout, éprouvant une grande soif en cet endroit, frappa le sol de son bâton, en invoquant Dieu, et en fit jaillir cette source. Nous campâmes dans une petite plaine entourée de hautes montagnes de basalte, et nous y payâmes le droit qu'on exige des voyageurs qui entrent pour la première fois dans le Fezzan, ce qui est accompagné de cérémonies à peu près du même genre que celles qui ont lieu quand on passe sous la ligne. Il s'agit de faire une distribution de vivres, et si quelqu'un s'y refuse, les Arabes creusent une fosse en disant qu'ils la préparent pour lui, et en poussant les cris usités dans les funérailles, avec d'autres simagrées non moins ridicules, qui déterminent ordinairement à la générosité celui qui y serait le moins disposé. Nous distribuâmes, en cette occasion, deux moutons et une quantité proportionnée de farine, à la grande satisfaction de ceux qui y avaient part.

Pendant quatre jours, nous voyageâmes dans un désert couvert de sables et de pierres, où nous ne vîmes d'autres traces de végétation que quelques chétives broussailles. Nous trouvâmes plusieurs cadavres d'animaux morts de fatigue. Leurs corps étaient tellement desséchés par l'extrême chaleur du soleil, qu'ils ne paraissaient pas avoir éprouvé de putréfaction. Des animaux récemment expirés n'exhalaient aucune mauvaise odeur. La peau qui les couvrait était entière et garnie de son poil, mais tellement desséchée qu'elle se brisait au moindre choc. L'air était si sec que nos couvertures et nos barracans rendaient des étincelles électriques quand on les frottait ; on remarquait le même effet quand nos chevaux se battaient les flancs de leur queue pour écarter les mouches.

Le 26, nous arrivâmes à *Zeghen*, village entouré de murailles, et situé au centre d'une petite forêt de palmiers, sous la latitude de 27° 26' N. Le lendemain, nous entrâmes dans Samnou, autre village du même genre, mais dont les murs sont en meilleur état. On y voit trois minarets assez bien bâtis, et peints en blanc, qui s'élèvent au-dessus des autres maisons. C'étaient les seuls que nous eussions vus depuis notre départ de Tripoli. Ces deux villages sont célèbres par le nombre et la sainteté de leurs marabouts. Nous y trouvâmes les meilleurs cuisiniers arabes que nous eussions encore rencontrés.

Le 30, nous descendîmes dans une plaine, sur laquelle s'élève la ville de Sebha, dont l'aspect est fort pittoresque. Entourée de bosquets de palmiers, tandis que le reste de la plaine n'offre qu'un désert aride, elle est construite en amphitéâtre ; sa principale mosquée est un grand minaret carré. Toute la population mâle vint au-devant du sultan. Je remarquai que la couleur commence à changer dans cette ville : les habitans sont mulâtres en grande partie. Ils étaient armés de vieux fusils, dont les quatre cinquièmes étaient hors de service.

Le 1er mai, nous traversâmes une plaine de sables, et le lendemain, nous arrivâmes à Ghroudoua, village composé de quelques chaumières construites avec de la boue, et qui ne contient qu'une cinquantaine d'habitans. A en juger par les ruines qu'on y aperçoit, il doit avoir été autrefois plus considérable. Le jour suivant, nous entrâmes dans Dgleim, autre village non moins misérable. Tous les habitans des environs s'y étaient réunis : je n'avais vu dans aucun autre endroit une aussi grande dépense de poudre à l'arrivée du sultan. Plusieurs fois il s'écria : *Assez ! assez !* Mais on ne lui répondait qu'en faisant de nouvelles décharges. Nous n'étions plus qu'à trois heures de distance de Mourzouk : la nuit se passa à faire les préparatifs de notre entrée dans la capitale.

CHAPITRE IV.

Arrivée à Mourzouk. — Manière de voyager dans le désert. — Première visite à la mosquée. — Entrevue avec le sultan. — Maisons de Mourzouk. — Description de cette ville. — Château du sultan. — Épaisseur prodigieuse de ses murs. — Sépultures. — Maladie et détresse des voyageurs. — Sévérité du jeûne du ramadan. — Départ d'une armée — Maladies du pays, et remèdes employés pour les guérir. — Fête pour célébrer la fin du ramadan.

Le 4 mai, à sept heures du matin, la caravane se mit en marche pour Mourzouk. Nous avions eu soin de nous parer de nos plus beaux habits : mais Mékni voulant que ses deux nouveaux mameloucks parussent avec éclat, nous envoya deux magnifiques bornouses, qu'il nous prêta pour cette cérémonie, et nous fit marcher, l'un à sa droite et l'autre à sa gauche. A neuf heures et demie, nous entrâmes dans les plantations de palmiers et dans les jardins qui entourent la capitale, et nous vîmes s'avancer un corps de cavalerie et d'infanterie avec trois drapeaux.

Lorsqu'ils ne furent plus qu'à environ mille pas de nous, les cavaliers prirent le grand galop, et, dès qu'ils nous eurent joints, ils mirent pied à terre, et vinrent baiser la main du sultan. Son fils aîné, sidi Aleioua, était à leur tête. Il baisa également la main à son père; après quoi il remonta à cheval, et reprit sa place. A peu de distance de la ville, nous fûmes joints par des danseurs, des danseuses et des joueurs d'instrumens. Deux hommes, portant des éventails de plumes d'autruche, se placèrent de chaque côté de Mekni pour chasser les mouches qui auraient pu l'incommoder. Enfin, à dix heures et demie, nous entrâmes dans Mourzouk par une rue fort large; les soldats faisaient des décharges continuelles de mousquetterie, les femmes poussaient des cris aigus. Avant d'arriver au château, le sultan fut salué par deux pièces de six. Nous ne le suivîmes point : on nous conduisit sur-le-champ dans une maison qui avait été préparée pour nous; un vieux mameluck, nommé Hadgi Mahmoud, avait été chargé de ce soin.

Dans l'après-midi, nous allâmes rendre nos devoirs au sultan, et nous fûmes présentés à son fils aîné, enfant de treize ans. Nous reçûmes, à notre tour, un grand nombre de visites. Le bruit s'était déjà répandu que nous étions deux grands personnages, et que nous avions apporté avec nous 30,000 piastres, tandis que nous n'en possédions que 300 qui se trouvaient entre les mains de Mekni, et que nous ne savions comment nous procurer d'autres ressources.

Notre voyage avait duré trente-neuf jours. Sur toute la route, nous n'avions vu qu'un désert aride et stérile, à l'exception du voisinage immédiat des villes et villages. Les puits y étaient rares; encore l'eau en était-elle saumâtre. Nous avions été fort heureux de voyager avec le sultan, sans quoi notre entreprise aurait été bien autrement pénible. Je dois rendre à Mekni la justice de dire qu'il eut pour nous toutes les attentions possibles, et que, dans toutes les villes, il nous invita à partager ses repas. J'étais son compagnon constant, car étant d'un caractère moins rassis que M. Ritchie, il m'invitait toujours à marcher à ses côtés. Il s'était fait une idée exaltée de la grandeur et de la richesse de l'Angleterre, et comme il parlait un peu l'italien, il s'amusait beaucoup à me faire des questions sur mon pays. Il m'interrogeait sur les fonds publics, qu'il appelait *banco*, et il était évident qu'il aurait désiré placer une somme en Angleterre, s'il avait pu traiter cette affaire en secret; la religion musulmane ne permettant pas de recevoir des intérêts.

Quand je lui dis que dans notre île les femmes avaient de l'argent à leur disposition, et que quelques-unes possédaient une fortune considérable, à peine put-il me croire. Il ne fut pas moins surpris d'apprendre que les jeunes gens ne se mariaient guère qu'à vingt-cinq ou trente ans. Cet usage lui parut très-ridicule ; mais il le concilia avec ses idées en supposant qu'ils avaient d'abord des concubines, et qu'ils épousaient celles dont ils avaient des enfans. Il ne trouva rien à critiquer à la coutume de n'avoir qu'une femme : il n'en avait pas davantage lui-même ; mais il y joignait une cinquantaine de négresses, ce qu'on regardait comme très-modéré pour un sultan du Fezzan. Il me demanda souvent ce qu'on faisait des enfans illégitimes, et me répéta cette question tant de fois, que je lui soupçonnai quelque motif secret pour me la faire. J'appris par la suite que, l'année précédente, une de ses négresses, ayant donné le jour à un enfant d'un noir d'ébène, dont il ne pouvait par conséquent se croire le père, il avait fait étrangler l'enfant, et renvoyé la mère dans son pays, trait de clémence remarquable, la mort étant le châtiment ordinaire d'une pareille faute.

Nous marchions ordinairement au pas de nos

chevaux, toujours plus accéléré que celui des chameaux. Vers midi, si nous trouvions un arbre, nous faisions une pause; sinon, nous nous asseyions à l'ombre que nous donnait le corps de nos chevaux. Le sultan, qui n'oubliait jamais les vivres, avait toujours un sac contenant du pain, des dattes, ou des restes du dîner de la veille, et il nous en faisait part. Nous dormions alors jusqu'à ce que les chameaux nous eussent rejoints, après quoi nous remontions à cheval. Mais les chameaux chargés ne faisaient aucune halte avant le soir, et les pauvres nègres, ainsi que leurs femmes et leurs enfans, avaient à marcher sur un sable brûlant souvent seize heures et quelquefois vingt par jour, quand le manque d'eau le rendait nécessaire. Des enfans de quatre à cinq ans, n'ayant pour vêtement que quelques guenilles, marchaient ainsi pendant la plus grande partie de la matinée, et ce n'était que quand ils ne pouvaient plus se soutenir qu'on les mettait sur un chameau.

On choisissait, pour passer la nuit, autant que possible, un endroit qui offrît quelques broussailles aux chameaux; mais on préférait toujours une vallée, pour être plus à l'abri du vent, qui, ne trouvant aucune résistance dans le désert, a une violence dont on ne peut se faire une idée. Nous dressions nos tentes, si le terrain permettait qu'on y enfonçât des pieux. On déchargeait les chameaux, et l'on arrangeait les balles de marchandises et les bagages de manière à former un abri contre le vent et le sable pour ceux qui n'avaient pas de tentes. Cette besogne faite, on laissait les chameaux chercher leur pâture; on donnait un coup d'étrille aux chevaux, puis on leur distribuait une ration d'eau et de fourrage. Si l'on ne trouvait pas de bois, on faisait du feu avec de la fiente de chameaux, qui brûle aussi bien que la tourbe. On creusait un trou en terre, on plaçait sur trois pierres un pot de cuivre ou de fer, et l'on y préparait un plat de cuscussou ou de basine. Les deux sultanes noires qui voyageaient avec Mekni, n'étaient pas mauvaises cuisinières, et apprêtaient tous les soirs un assez bon souper pour leur maître. Quand il était impossible d'avoir du feu, on se contentait de zoumita préparée avec de l'eau et de l'huile. Nous faisions ordinairement du café, dont Mekni venait prendre sa part, et, quand il sortait de notre tente, les gens de sa suite entraient et nous demandaient à y goûter. Nous en buvions aussi une tasse à jeun le matin quand nous en avions le temps; nous remarquâmes même que cette précaution nous préservait de la soif. J'observai que nous n'avions jamais soif lorsque nous ne mangions pas le matin, ce qui explique pourquoi les Arabes boivent si peu. Si, au contraire, on charge son estomac vide d'une certaine quantité d'eau, on est sûr d'être altéré tout le reste du jour. Quand il fait très-chaud, le mieux est de boire dans le creux de la main, pour ne pas avaler trop d'eau d'un seul trait. Après une longue journée, rien ne rafraîchit davantage que de se frotter le corps d'huile : un linge mouillé, appliqué derrière le cou, dissipe la pesanteur de tête quand on a été exposé à un soleil ardent. Il faut avoir grand soin de ne pas conduire les chevaux aux puits avant que ce soit leur tour de boire; car, s'ils voient l'eau avant de pouvoir l'atteindre, ils deviennent souvent furieux, et il en est même qui dévorent la terre humide.

L'eau se transporte ordinairement sur des chameaux, qui n'ont pas d'autre fardeau. Leur charge ordinaire est de six outres, dont chacune, quand elle est pleine, pèse 50 livres. Ces outres sont suspendues à leur dos, trois de chaque côté. Lorsqu'une caravane s'attend à être trop longtemps sans trouver d'eau, on ajoute deux outres à la charge des chameaux qui portent des marchandises. Les chevaux sont ce qu'il y a de plus embarassant pour une caravane, attendu la quantité d'eau qui leur est nécessaire. On calcule qu'il faut pour chaque cheval un chameau chargé d'eau, sans compter le grain et les dattes nécessaires pour le nourrir.

Rien n'est plus accablant que les vents du sud

(*el gibli*) et de l'est (*el chirghi*). Tous deux sont également à craindre. Indépendamment de la chaleur et de la sécheresse excessive de ces vents, ils font lever tant de sable, que l'air en est obscurci ; le firmament paraît d'un jaune sombre ; et à peine aperçoit-on le soleil. Les yeux deviennent rouges et enflammés, les lèvres et la peau se gercent et se dessèchent, et l'on éprouve de vives douleurs de poitrine, à cause du sable qu'il est impossible de ne pas respirer. Rien ne peut résister aux effets pernicieux de ces vents. Quand nous ouvrîmes nos caisses, nous trouvâmes plusieurs instrumens qui avaient été emballés avec grand soin, fendus et hors d'état de servir. Ces vents durent ordinairement dix à douze heures, et quand ils cessent de souffler, l'air paraît si frais et si délicieux qu'on oublie bientôt les souffrances qu'on a endurées.

M. Ritchie fit de magnifiques présens au sultan et à ses fils. Tout semblait sourire à notre entreprise, si ce n'est que nous manquions d'argent. Nous étions obligés de vivre de la manière la plus économique, et nous ne nous permettions la viande que rarement.

Le premier vendredi qui suivit notre arrivée à Mourzouk, Mekni nous fit dire qu'il comptait aller à la mosquée pour la prière du soir, et qu'il espérait nous y voir. Comme M. Ritchie n'y avait pas encore été, nous fîmes une répétition de notre rôle. Quand le crieur appela à la prière, notre vieux mamelouck vint nous prendre pour nous y conduire. Nous y trouvâmes une assemblée nombreuse assise sur des nattes : l'on nous avait gardé des places au premier rang. Le sultan arriva bientôt après avec ses gardes, et parfuma toute la mosquée d'essence de roses, dont il se servait avec profusion. Nous jouâmes parfaitement notre rôle, et quand le service fut fini, nous attendîmes à la porte pour voir le sultan monter à cheval.

Il était entouré d'hommes armés, et d'esclaves qui agitaient autour de lui des éventails de plumes d'autruche. Une foule immense le suivait ; il se rendit au petit pas au château, qui n'est qu'à environ trois cent toises de la mosquée. Il s'arrêta dans la cour et s'assit quelques instans dans son fauteuil d'apparat, pour recevoir les hommages de ses sujets. Nous le suivîmes ensuite dans l'intérieur du château. Il nous fit asseoir sur le même tapis qu'il occupait, et paya à M. Ritchie les 300 piastres qu'il lui devait, en y joignant les promesses les plus flatteuses d'assistance, de secours et de protection. Nous ajoutâmes une foi implicite à ses assurances, et sortîmes du château, enchantés d'avoir trouvé un ami dans un homme qui, s'il eût été mal disposé, aurait eu tant de moyens de nous nuire.

En rentrant chez nous, et en examinant nos provisions, nous reconnûmes qu'on nous avait volé un grand sac de riz, un sac de farine, et une grande quantité de cuscussou. Il nous manquait aussi un pistolet, les deux chiens d'un fusil à deux coups, et plusieurs sacs de balles. Nous en portâmes plainte sur-le-champ à Mekni, qui nous promit de faire faire des recherches, et de nous rendre les objets volés, si l'on pouvait les découvrir.

Notre habitation était fort convenable; et comme toutes les grandes maisons de Mourzouk sont construites à peu près sur le même plan, la description de la nôtre suffira pour donner une idée des autres. Une grande porte, assez haute pour qu'un chameau pût y passer, donnait entrée à un large passage, d'un côté duquel était une écurie pour cinq chevaux, et une chambre destinée aux esclaves. Une porte, en face de celle de l'écurie, conduisait dans une grande pièce carrée, dont le plafonds, élevé de dix-huit pieds, était soutenu par quatre palmiers servant de piliers. Au centre du plafond, était une ouverture d'environ neuf pieds sur douze, destinée à faciliter l'entrée à la lumière, et par surérogation, à la poussière et à la chaleur. Au bout de cette pièce, en face de la porte, était un banc de terre, élevé d'environ dix-huit pouces, qui s'étendait sur une longueur de douze pieds. On voit de ces bancs à la porte de presque toutes les maisons ; ils sont couverts d'oisifs le matin et le soir pendant la fraîcheur. Cette grande pièce avait cinquante pieds sur trente-neuf. Sur les côtés, des portes conduisaient dans de plus petites chambres, dont on pouvait faire des magasins ou des chambres à coucher ; mais, à cause de leur fraîcheur, on s'en sert de préférence pour ce dernier usage. Elles ne sont éclairées que par la porte. En montant quelques marches, on arrivait dans une sorte de galerie, où se trouvaient deux petits appartemens, qu'une chaleur étouffante rendait inhabitables. Un passage conduisait de la grande pièce dans une cour où étaient plusieurs petits bâtimens, et un puits d'assez bonne eau. On n'a que du sable pour plancher ; les murailles sont en terre, grossièrement enduite d'une espèce de plâtre qui porte l'empreinte de la seule truelle qui soit connue en ce pays, c'est-à-dire, des cinq doigts de la main droite. Nulle part il n'existe de fenêtres, mais dans quelques chambres, une ouverture est pratiquée au plafond ou à la partie supérieure du mur.

Mourzouk est entouré de murailles, et contient

environ 2,500 habitans nègres, qui ne changent pas de résidence comme les Arabes. Les murs de la ville sont construits en terre, soutenus par des arcs-boutans, et percés de meurtrières pour le service de la mousqueterie. La construction en est grossière, mais ils sont assez forts pour servir de défense en cas d'attaque. Ils ont environ quinze pieds de hauteur, huit d'epaisseur à fleur de terre; et, suivant l'usage général du pays, cette épaisseur diminue progressivement jusqu'au sommet. La ville a sept portes, dont quatre ont été murées, pour en rendre la sortie plus difficile à ceux qui voudraient s'échapper à l'instant où on leur demande le paiement du tribut. Un homme est chargé par le sultan de veiller à ces portes la nuit comme le jour, et d'empêcher qu'on ne fasse entrer en contrebande dans la ville, des esclaves ou des marchandises. Comme on n'a pas de pierres dans ce pays, on y supplée en formant des boules d'argile qu'on fait ensuite durcir au soleil, et qu'on emploie pour construire de bons murs, qui sont très-solides, attendu qu'il ne tombe jamais de pluie. Les maisons, à très-peu d'exceptions près, n'ont qu'un étage; dans celles d'un ordre inférieur, le jour n'entre que par la porte, qui est si basse, qu'il faut se plier en deux pour y passer. Mais les grandes maisons ont des portes beaucoup plus élevées; la manière dont elles sont faites est assez ingénieuse, vu la mauvaise qualité du bois qu'on y emploie. On prend d'épaisses planches de palmier de quatre à cinq pouces de largeur, on y fait un trou en haut et en bas, et on les assemble en y passant un bâton de palmier. On les serre ensuite avec une courroie de cuir de chameau mouillé, qui, se rétrécissant en séchant, tient encore les planches plus serrées les unes contre les autres. Les portes n'ont pas de gonds : elles tournent sur un pivot taillé au bout de la première des planches qui les composent, et qui, pour cette raison, est toujours plus longue que les autres. La rue par laquelle on entre dans la ville a environ trois cents pieds de largeur, elle est fort belle et conduit au château. Les autres sont très-étroites, mais il y a plusieurs grandes places destinées aux chameaux des marchands. On trouve dans la ville un assez grand nombre de palmiers; quelques maisons ont de petits enclos où l'on cultive de préférence le poivre rouge et les oignons.

Le château est un immense bâtiment en terre, s'élevant à la hauteur de 80 à 90 pieds. Le haut des murs est garni de petits créneaux, produit de l'imagination du sultan actuel, et qui, à une certaine distance, lui donnent l'air d'une forteresse. De même que les autres édifices, ce bâtiment n'a aucune prétention à la régularité. Les murs, à leur base, ont 50 à 60 pieds d'épaisseur, et seulement 4 à 5 à leur couronnement. L'espace qu'occupent ces énormes murailles fait que les appartemens sont petits et peu nombreux. Ceux du sultan sont très-beaux, comparativement aux autres, car les murs, assez lisses, sont ornés d'une peinture blanche, sur laquelle des points rouges sont dispersés irrégulièrement pour faire plus d'effet. Les personnes qui viennent le voir s'asseient sur le plancher à une distance respectueuse de son tapis. Il nous faisait pourtant toujours l'honneur de nous en offrir un coin. La partie du château la mieux aérée est occupée par les femmes, dont les chambres sont situées autour d'une grande cour qui leur sert pour prendre de l'exercice, moudre le grain, faire la cuisine, et remplir les autres fonctions intérieures du ménage. Le nombre de celles qu'on nomme *kibères*, ou grandes dames, s'élèvent rarement au-delà de six. Ce titre d'honneur s'accorde ordinairement aux mères des enfans du sultan, ou à celles qui ayant été ses favorites, deviennent les surintendantes des autres. Il s'y trouve environ cinquante jeunes négresses, et, autant que nous pûmes le juger par quelques coups d'œil que nous jetâmes sur elles à la dérobée, toutes jolies et fort bien mises. Elles sont sous la garde de cinq eunuques qui font acte d'autorité, en les battant de temps en temps. Le sultan a trois fils et deux filles, qui demeurent avec lui dans cette espèce de cage, dont on ferme la porte tous les soirs, et dont on lui remet la clef, de sorte qu'il peut dormir tranquille. On entre dans le château par un long passage tournant, percé dans le mur, complétement obscur, et fort roide. A la porte est un grand hangar donnant sur une place, et qui peut contenir environ 400 personnes. Sous ce hangar est le fauteuil d'apparat du sultan, jadis bien doré, et couvert d'une tapisserie qui a été belle; derrière sont les restes de deux grands miroirs. Il s'assied sur ce fauteuil tous les vendredis en revenant de la mosquée, pour recevoir les hommages de ses sujets avant de rentrer dans le château. Ce lieu fut le théâtre de toutes les cruautés de Mekni quand il s'empara de la souveraineté de ce pays.

Il y a dans la ville plusieurs étangs d'eau salée stagnante, que je regarde comme la source des fièvres qui y règnent tous les étés. Le cimetière est situé hors de la ville, son étendue est considérable. Au lieu de couvrir les tombeaux d'une pierre sépulcrale, on les entoure d'un petit parapet fait en terre, et on les orne de morceaux d'étoffe attachés à des bâtons enfoncés dans le sol, de pots cassés, et quelquefois d'œufs d'autruche. Il y a un cimetière séparé pour les esclaves ; on les enterre si près de la surface, qu'il arrive souvent que le vent emportant le sable qui les couvre, laisse leurs os exposés à la vue. Attendu la rareté du bois, on ne se sert pas de cercueils ; les corps sont enveloppés dans une natte, ou dans une pièce d'étoffe ; on les descend dans la fosse ; on les couvre de branches de palmiers, et l'on rejette la terre par-dessus. Quand les branches pourrissent, la terre s'affaise, de sorte que les tombeaux, au lieu de présenter une surface convexe, ont une forme concave. Le lieu de sépulture des anciens sultans est une plaine voisine de la ville ; leurs tombeaux ne se distinguent de ceux des autres individus, que parce qu'il s'y trouve un plus grand nombre de fragmens de pots cassés. Les parens d'un mort sont dans l'usage d'aller de temps en temps visiter sa tombe, d'y faire une prière ou d'y réciter quelques versets du coran. Les enfans ne passent jamais dans le voisinage du tombeau de leurs père et mère, sans s'y arrêter pour payer à leur mémoire un tribut de reconnaissance et de respect. Jamais on n'enterre les animaux. On les porte sur des hauteurs hors de la ville, et il n'en résulte aucunes exhalaisons putrides :

l'excessive chaleur les a bientôt desséchés ; il n'en reste que la peau, à laquelle le poil demeure attaché.

Le 15, je fus attaqué d'une dyssenterie très-sérieuse, qui me fit garder le lit 22 jours, et me mit à toute extrémité. Nous étions alors tellement pauvres, que nous nous voyions forcés de nous interdire la viande, lorsque nous n'avions pas le bonheur de tuer un pigeon dans les jardins. Ma maladie fut la première qui se déclara parmi nous ; mais depuis ce moment, il arriva bien rarement que, sur trois individus qui composaient notre petite compagnie, un ou deux ne fussent pas au lit. L'eau saumâtre, la mauvaise nourriture, la chaleur et la sécheresse du climat retardèrent long-temps ma guérison, et quand elle arriva, elle fut regardée comme un miracle. A peine étais-je convalescent, que M. Ritchie tomba malade d'une fièvre bilieuse, accompagnée de délire et de vives douleurs dans les reins. Au bout de quelque temps, il se trouva mieux ; il quitta le lit deux jours, mais la fièvre revint avec redoublement. Il ne pouvait prendre que de l'eau ; il était presque toujours en léthargie ou dans le délire. Lors même qu'il aurait été en état de prendre de la nourriture, nous étions dépourvus des moyens de nous procurer celle qui lui aurait convenu. Tout notre argent était dépensé, et le plan perfide que le sultan avait conçu pour nous mettre dans l'embarras, et qui devenait évident de jour en jour, était si bien calculé, que nous ne pouvions trouver à vendre aucunes de nos marchandises. Pendant six semaines entières, nous ne vécûmes que de farine et de dattes. Nos chevaux étaient de véritables squelettes; et, pour comble de maux, Belford fut attaqué de surdité; sa maigreur était telle, qu'il n'avait plus la force de marcher.

Ma situation était alarmante, car je réfléchissais que, si mes deux compagnons venaient à mourir, comme je n'avais que trop lieu de le craindre, je n'aurais le moyen ni de les faire ensevelir, ni de pourvoir à mes besoins, dans un pays où chacun était dans l'abondance, comparativement à nous. Je ne me décourageai pourtant pas, et Belfort ayant heureusement repris quelques forces, nous remplîmes alternativement les fonctions de garde-malade auprès de notre compagnon, qui était hors d'état de s'aider en rien. Deux jeunes frères qui nous avaient servi en qualité de domestiques, et que nous avions toujours traités avec bonté, nous avaient abandonnés à la vue de notre détresse, sans se faire scrupule de nous voler, en partant, notre provision de riz et de couscoussou.

Le ramadân, mois pendant lequel Mahomet, dit-on, reçut sa première visite de l'ange Gabriel, fut annoncé le vingt-trois juin. Le jeûne le plus strict doit s'observer alors depuis le lever jusqu'au coucher du soleil. Non-seulement on doit s'abstenir de boire et de manger, mais il n'est permis ni de prendre du tabac, ni de respirer des parfums, et l'on se fait même scrupule d'avaler sa salive. La maladie de M. Ritchie le dispensait de ce jeûne rigoureux ; mais Belford et moi étant alors assez bien portans, nous étions obligés de manger un morceau à la hâte, les portes fermées, dans les momens où nous espérions que personne ne viendrait nous interrompre, et nous fûmes assez heureux pour qu'on ne soupçonnât jamais nos infractions secrètes à la loi de Mahomet.

Notre vieux mamelouck, Hadgi Mahmoud, homme très-religieux, me pressait continuellement de faire venir quelque marabout pour prier pour M. Ritchie, et pour écrire des prières sur sa tête et sur ses mains. Il attribuait son délire au diable, et me disait qu'il ne cesserait que lorsque j'aurais mis sous sa tête un sabre ou quelque autre instrument de fer, Iblis ayant la plus grande horreur de ce métal. Il voulait aussi apporter une assiette sur laquelle les noms de Dieu seraient écrits, afin de faire boire au malade l'eau avec laquelle on les aurait effacés. Mon pauvre compagnon ne désirait que quelques gouttes de lait que je ne pus parvenir à lui procurer. Le sultan avait pourtant cinquante chèvres, mais il trouvait toujours quelque prétexte pour nous en refuser.

On faisait alors de grands préparatifs dans tout le royaume pour une expédition contre le Tibbou de Borgou, pays situé à un mois de distance au sud-est, pour y faire des esclaves; expédition dont Sidi Aleioua, fils aîné de Mekni, devait avoir le commandement. Des troupes arrivaient de toutes parts à Mourzouk; les habitans de la ville étaient obligés de leur fournir des vivres deux fois par jour.

Tant qu'avait duré notre provision de sucre et de café, nous n'avions pas manqué d'amis. Mais quand notre pauvreté fut devenue notoire, il nous en resta fort peu. De ce nombre furent deux frères, Mohammed el Lizari et Youssuf. Ils étaient fils d'un mamelouck mort depuis longtemps. Mekni, en s'emparant du trône du Fezzan, les avait réduits à l'indigence, et ne leur avait laissé que leurs palmiers. Ils nous donnèrent des preuves d'une amitié désintéressée, et nous rendirent des services importans à l'instant où nous éprouvions le plus extrême besoin. Mohammed se trouvait forcé, bien contre son gré, de partir pour l'expédition projetée ; la personne du jeune Sidi Aleioua devait même être confiée à ses soins.

Nous reçûmes aussi quelques bons offices du vieux Hadgi Mahmoud, notre voisin, homme crédule, superstitieux, et se gouvernant d'après les circonstances; mais son amitié moins désintéressée ne résista pas aussi-bien à l'épreuve de notre pauvreté.

Mahomet ben Abdalla fut assez long-temps l'habitant de Mourzouk qui nous fit les plus fréquentes visites. C'était un mamelouck napolitain qui avait apostasié à l'âge de dix ans, et qui avait été donné à l'âge de dix-huit par le pacha de Tripoli à l'ancien sultan du Fezzan. Il n'avait pas tout-à-fait oublié sa langue naturelle. Il était vif, rusé, et jouait certainement près de nous le rôle d'espion du sultan. Lorsque nous ne pûmes plus en douter, nous employâmes plusieurs moyens pour nous en débarrasser.

Son but principal était de s'assurer pourquoi nous étions venus dans le pays, et si nous étions véritablement des personnages d'importance, comme le bruit en courait ; car on prétendait que M. Ritchie était le mari d'une fille du roi d'Angleterre, et que j'avais épousé récemment une nièce de ce monarque. Nous déclarâmes toujours que nous n'avions pas obtenu l'honneur d'une alliance si élevée; mais nous eûmes soin de démentir le bruit de manière à laisser soupçonner qu'il était possible qu'il fût vrai. Mahomet nous avait toujours cru fort riches; et ce ne fut que lorsqu'il nous vit renoncer à la viande qu'il conçut quelques doutes à cet égard. Enfin ses questions multipliées nous devenant à charge, nous résolûmes de nous en délivrer en l'effrayant. Je lui contai d'horribles histoires d'esprits et de revenans; je lui dis que M. Ritchie et moi nous étions francs-maçons, et que nous comprenions les paroles gravées sur le sceau du roi Salomon. J'inventais des contes pour lui persuader qu'il n'existait rien que les francs-maçons ne connussent. Un jour que M. Ritchie se trouvait un peu mieux, j'engageai notre curieux ami à me dire quelques mots à l'oreille, en lui annonçant que, sans ouvrir moi-même la bouche je les ferais répéter par M. Ritchie à l'autre extrémité de la chambre. J'indiquai alors sur mes doigts à mon compagnon les lettres dont chaque mot se composait, et il répeta la phrase au grand étonnement de Mahomet, dont les assiduités diminuèrent considérablement quand il eut été temoin de quelques merveilles de la même force. Il se vantait beaucoup de sa haute naissance, disait que son père jouissait de la confiance intime du roi de Naples, qu'il avait sous ses ordres une armée nombreuse, et qu'il portait des galons sur ses habits. Enfin un soir, voulant porter au plus haut degré le respect que nous devions à sa famille, il ajouta avec beaucoup de gravité que son père n'était rien moins que caporal.

Le 12 juillet, tous les préparatifs étant faits, l'armée composée de trois cents hommes de cavalerie et de huit cents fantassins, partit pour Gatrone, d'où elle devait se mettre en marche pour le Tibbou de Borgou; deux mille chameaux la suivaient. Mekni l'accompagna; après son départ, il régna dans la ville une tranquillité que je n'y avais pas encore vue. La garde du château fut confiée au vieux Hadgi Mahmoud, qui, tous les soirs, enfermait les femmes sous clef. Mekni, qui ne passait pas pour un homme très-religieux, fut blâmé d'avoir fait marcher l'armée pendant le ramadan, et quelques personnes qui comptaient sur notre discrétion, nous dirent qu'il avait agi ainsi afin de profiter de la dispense de jeûne, que le coran accorde à ceux qui sont en voyage, et aux malades, à condition qu'ils s'acquitteront de cette obligation pendant quelque autre mois de l'année.

Tous les jours des malades véritables ou supposés venaient nous consulter, et, comme M. Ritchie était hors d'état de leur donner des avis, il fallut me charger de remplir les fonctions de médecin, à l'aide d'un livre de médecine, que j'avais toujours à la main. Mes remèdes réussirent quelquefois, et s'ils n'eurent pas toujours le même succès, au moins je ne fis jamais aucune expérience qui pût nuire à mes malades. Je vais donner ici la liste des maladies qui sont les plus fréquentes dans ce pays, et des remèdes qu'on emploie pour les guérir.

MALADIES.	REMÈDES.
Maladies de foie. Engorgement de la rate. Asthme. Consomption. Hernies.	La brûlure avec un fer chaud.
Fièvre. Paralysie.	Les charmes.
Maux d'yeux.	La brûlure aux tempes, et l'introduction d'un petit morceau d'oignon sous la paupière.
Maladies vénériennes.	Des purgations de coloquinte, et des lotions d'eau de soude. Ce remède réussit souvent.

Le 22 juillet, Mekni revint à Mourzouk, après avoir vu partir son fils. Le ramadan finissait alors, et tout était dans la joie et l'allégresse. C'était un mouvement général : on criait, dansait, on tirait des coups de fusil, et surtout on ne se lassait pas de boire et de manger.

M. Ritchie commençait alors à se trouver un peu mieux, et, après avoir passé cinquante-huit jours au lit, il se levait quelques heures dans la journée. Le 23 à midi, je m'équipai le mieux qu'il me fut possible et montant sur mon cheval, pauvre squelette ! je me joignis à la procession qui devait faire le tour de la ville. Le sultan et ses deux jeunes enfans, couverts de riches habits, marchaient à la tête, drapeaux déployés, et au son des instrumens. Tous les hommes qui n'étaient point partis avec l'armée avaient mis leurs plus beaux vêtemens. Nous nous rendîmes ainsi à un petit édifice situé près de la sépulture des anciens sultans. Je mis pied à terre, et j'entrai avec le sultan et deux autres personnes. Le cadi était placé dans une niche, d'où il pouvait être vu par tous ceux qui étaient en dehors. Il récita les prières ordinaires, après quoi il lut quelques passages du coran relatifs au ramadan. Cette lecture finie, chacun embrassa son voisin en le félicitant sur la fin du jeûne. Jamais je n'avais vu une telle profusion d'embrassades. Nous remontâmes ensuite à cheval, et rentrâmes dans la ville en grande pompe. Cette fête correspond au bairam des Turcs ; elle dure trois jours, pendant lesquels, chacun, revêtu de ses plus beaux habits, fait et reçoit des visites de cérémonie.

Le plus pauvre, en cette occasion, trouve moyen de se procurer un morceau de chair de chameau, et quelquefois même un morceau de mouton. Les riches, conformément aux préceptes de leur religion, distribuent des alimens aux pauvres, qui se présentent en foule pour en recevoir. Nous fûmes obligés de dépenser deux de nos dernières piastres pour faire une distribution de chair de chameau. Mais du moins en fîmes-nous profiterceux qui en avaient le plus besoin. J'envoyai chercher les pauvres nègres qui étaient venus avec nous de Tripoli, et qui n'avaient ni argent ni amis ; ce fut à ceux-ci que nous fîmes nos charités. On me blâma beaucoup de ne pas m'être tenu à la porte pendant qu'on faisait cette distribution, afin de recevoir des complimens sur nos bonnes œuvres. Notre voisin, Hadgi Mahmoud n'oublia pas ce trait d'ostentation ; il présida lui-même à la distribution, et, comme il ne donnait qu'un morceau de viande de la grosseur d'une noix à chacun, sa charité fit beaucoup plus d'effet que la nôtre.

CHAPITRE V.

Caravanes arrivant à Mourzouk. — Renseignemens que l'auteur en obtient sur l'intérieur de l'Afrique. — Costume, mœurs et usages des Touaricks. — Ghraat. — Embarras que le défaut d'argent fait éprouver aux voyageurs. — Le sultan refuse de leur en prêter. — Détails sur le Bornou. — Renseignemens géographiques sur l'intérieur de l'Afrique, depuis le Fezzan jusqu'à Tombuctou; routes et distances. — Cachena. — Le Soudan. — Détails sur la mort d'Horneman. — Tombouctou. — Cours du Niger. — Ghadams, ou deux villes dans une.

Dans le cours du mois de juillet, un grand nombre de Touaricks vinrent à Mourzouk avec des esclaves et des marchandises de Cachena, d'Aghades et de Ghraat. C'est la plus belle race d'hommes que j'aie jamais vue. Ils sont grands, bien faits, ont de beaux traits et un air d'indépendance et de fierté remarquable. Ils sont blancs, car ce n'est qu'à la chaleur du climat qu'ils habitent, qu'ils doivent un teint fortement basané, et les parties de leur corps qui sont constamment couvertes, sont aussi blanches que la peau de bien des Européens. Leur costume offre cette particularité remarquable, qu'ils se couvrent toute la partie inférieure du visage, à partir des yeux. Ils ne savent quelle est l'origine de cette coutume, mais ils disent qu'elle doit être sage, puisqu'elle vient de leurs péres. Ils emploient, pour cet usage, un morceau d'étoffe de coton, le plus souvent bleu, qui leur passe sur le nez, s'attache derrière la tête, et descend jusque sur la poitrine. La plupart portent un bonnet rouge à haute forme; d'autres en ont de jaunes ou de verts qui leur serrent la tête : quelques uns n'en ont pas, et laissent croître leurs cheveux, dont ils forment des tresses. Tous portent le turban. Leur vêtement ordinaire est une espèce de grande chemise dont les manches sont aussi larges que le corps, c'est une étoffe de coton bleu ou à raies bleues et blanches qu'ils fabriquent eux-mêmes; quelques-uns portent des étoffes du Soudan, qui sont plus estimées. Les marchands se font un point d'honneur d'être richement vêtus quand ils séjournent dans quelque ville. Ils portent alors des cafetans de drap d'un rouge éclatant, ou d'une étoffe rayée de soie et coton, qu'ils achètent des marchands de Tripoli. Quelques uns se contentent de cafetans ou de chemises de cuir de leur propre fabrique. Ce sont des peaux d'antilopes très-bien apprêtées, et parfaitement cousues. Leurs pantalons ne sont pas aussi amples que ceux des Maures : cette ampleur les gênerait pour monter leurs méherrys ; ils ressemblent davantage à ceux des cosaques : ils sont d'étoffe de de coton, et en général d'un bleu foncé. Leurs sandales sont la partie la plus élégante de leur costume ; elles sont de cuir noir, et s'attachent sur le pied par des courroies écarlates : l'intérieur en est orné d'un travail à l'aiguille vraiment admirable. Tous portent un fouet suspendu du côté droit à une espèce de baudrier qui passe sur l'épaule gauche. La lame de leur sabre est droite et fort longue, et ils manient cette arme avec autant d'aisance que de dextérité. Un poignard est attaché à leur poignet gauche. Jamais un Touarick ne se montre sans cette arme, et sans une javeline légère et élégante, tantôt entièrement en fer, tantôt en bois, mais toujours ornée de cuivre incrusté. Ces javelines ont environ six pieds de longueur : ils les lancent à une grande distance. Ils en ont de plus longues et de plus pesantes pour la guerre. Une lance est attachée derrière leur selle. Ils ont en outre un long fusil, et passent pour être bons tireurs. Ils sont, s'ils est possible, encore plus superstitieux que les habitans du Fezzan. Quelques-uns d'entre eux sont, à la lettre, couverts de charmes contre les maladies et les accidens. Ils en attachent à leurs bras, à leurs jambes, à leur cou, à leur poitrine, enfin, partout où ils peuvent en placer. Leurs fusils et leurs javelines sont mis sous la même protection : les plis de leurs turbans renferment des versets du coran.

Ils parlent le *breber*, langue primitive d'Afrique, qui est en usage encore dans les montagnes au-delà de Tunis, dans quelques parties de l'empire de Maroc, et à Sokna, où on la nomme *irthna*. Ils sont fiers de l'antiquité de cette langue, et quelques-uns me dirent que Noé la parlait de préférence à toute autre. Ils ne vous baisent pas la main, comme les autres musulmans, pas même celle du sultan. Ils s'avancent vers lui, le corps droit, lui prennent la main, la serrent, et se retirent en le regardant en face : conduite qui offre un contraste frappant avec cell des naturels du Fezzan.

Les Touaricks ont en général une répugnance invincible à se laver. Quelques-uns d'entre eux, après avoir mis de nouveaux vêtemens d'étoffe bleue de mauvais teint, paraissent assez longtemps de la même couleur que leurs habits. Ils emploient le sable au lieu d'eau pour faire les ablutions prescrites par la loi. *L'eau a été donnée à l'homme pour boire*, disent-ils ; *elle n'est pas amie de la peau des Touaricks, qui tombent toujours malades quand ils se sont lavés.* Il en est pourtant quelques-uns qui ne restent pas dans

8*

cet état de malpropreté, mais ils sont en très-petit nombre.

Ils sont musulmans, et font leurs prières en arabe, langue dont ils n'entendent pas un mot. Ces prières ne consistent guère qu'à répéter : *il n'y a d'autre Dieu que Dieu, et Mahomet est son prophète.* Plusieurs s'en dispensent tout-à-fait, et en général, ils ne connaissent leur religion que très-imparfaitement. Ils habitent cette immense étendue de pays, désignée sur les cartes sous le nom de Sahara ou Grand Désert. Ils sont divisés en tribus nombreuses, dont quelques-unes n'ont pas de demeure fixe, mènent une vie errante comme les Arabes, et vivent de pillage. Ils ne sont pas cruels quand ils ne trouvent pas de résistance, mais si ceux qu'ils attaquent veulent se défendre, leur mort est certaine. Les Touaricks, ou, pour mieux dire, quelques-unes de leurs tribus, sont toujours en guerre avec les habitans du Soudan, sur lesquels il font un grand nombre d'esclaves. Leur courage et leur habileté à manier leurs armes, les rendent partout redoutables : aussi traversent-ils, en petites troupes, des contrées bien peuplées, sans crainte d'être attaqués. Chaque tribu à quelque particularité, soit dans son costume, soit dans sa manière de faire la guerre. Les Touaricks les plus voisins du Fezzan, habitent Ghraat, qui est à dix journées de Mourzouk.

Ghraat est une ville entourée de murs, et construite de la même manière que Mourzouk. Elle est à vingt journées de Touat, et à cinq du Ganat dont le nom n'appartient pas à une ville, comme on le suppose généralement, mais à un canton qui produit des dattes, et dans lequel il ne se trouve que des huttes éparses de côté et d'autre. Tous les puits y sont salés. Ghadams est à vingt journées au nord-ouest de Ghraat. A cinq journées de cette dernière ville en est un autre nommée *el Birkaat*, qui est renommée par la quantité et la beauté des raisins que produit son territoire.

Ghraat est située, partie sur une plaine, partie sur une colline, entourée de montagnes fort élevées et complètement stériles. Les plaines voisines sont couvertes de gravier. Le cheikh actuel se nomme *Bel Gassem*, et porte le titre de sultan. Il ne jouit pas du droit de vie et de mort ; il ne peut, ni faire de nouvelles lois, ni changer celles qui existent. Un certain nombre d'individus, qu'on nomme les anciens, jugent toutes affaires criminelles, et soumettent leur sentence à son approbation. Il est obligé de les consulter dans toutes les affaires importantes. Il n'est distingué de ses sujets, ni dans son costume, ni dans sa manière de vivre ; son revenu est fort précaire, et ne consiste que dans le tribut que lui paient les habitans à demeure fixe. La dignité de sultan est héréditaire. Cette place ne rapportant que très-peu d'honneur et de profit, on ne s'en dispute jamais la succession les armes à la main.

Les habitans de Ghraat permettent à leurs femmes et à leurs filles de voir les étrangers et de converser avec eux, et il est rare qu'elles abusent de cette liberté. On dit que ce sont de belles femmes, remarquables par leur embonpoint. Cette peuplade passe pour être riche, attendu le commerce continuel qu'elle fait avec le Soudan, et parce qu'elle n'est pas soumise à des chefs ayant le droit de s'emparer de ce que gagnent les autres. Les provisions y sont fort chères; on y trouve peu de dattes, encore sont-elles de qualité inférieure. Il y vient peu de grains; mais l'on en tire de Mourzouk contre des esclaves, de l'or et d'autres marchandises.

Les Touaricks des tribus errantes qui fréquentent Ghraat sont des mendians aussi effrontés qu'insatiables. Ils commencent par prendre l'objet qu'ils désirent avoir, et demandent ensuite qu'on leur en fasse présent.

Il se tient au printemps un grand marché dans cette ville: les marchands de tous les pays voisins s'y rendent en grand nombre, mais ils sont obligés de payer un tribut aux Touaricks errans. Les habitans de Mourzouk en sont exempts, parce que les Touaricks venant souvent dans cette ville, il est de leur intérêt de vivre en bonne intelligence avec eux.

Les Touaricks estiment peu les chevaux, et ils n'en achètent que pour les échanger contre des esclaves dans le Soudan. Leur monture ordinaire est le meherry, race de chameaux d'une grande taille et d'une légèreté surprenante, dont la marche ordinaire est un trot allongé. Ils peuvent faire neuf milles par heure, et marcher du même train plusieurs heures de suite.

Un grand nombre de Touaricks vinrent nous faire des visites de curiosité ; ils examinaient avec grande attention tout ce que nous leur montrions. Les effets du phosphore, la chambre obscure, les kaleïdoscopes, leur causaient une grande surprise; mais la boussole les étonnait au-delà de toute expression : ils n'osaient pas même y toucher. Nos armes étaient pourtant encore plus de leur goût, et ils ne se lassaient pas de les admirer. J'avais un sabre dont la poignée formait un pistolet, qui paraissait surtout leur plaire, ils m'auraient volontiers donné une couple de négresses en échange.

Tous ceux qui venaient nous voir, se prétendaient attaqués de quelque maladie; si l'un d'eux avait réellement mal aux yeux, et que nous lui donnassions quelque remède pour le soulager, la vue des autres devenait mauvaise à l'instant, afin de participer au médicament; et il en était de même de toutes les autres maladies.

Un vieillard de quatre-vingts ans qui m'avait vu donner un liniment à un homme qui s'étaitfoulé le pied, et qui guérit en quelques jours, vint me demander un remède pour redresser son dos, que l'âge avait considérablement voûté. Les femmes du sultan nous envoyaient souvent de petites fioles, en nous priant de leur donner quelque chose qui leur fît avoir des enfans, et leurs émissaires nous disaient même en confidence si elles désiraient une fille ou un garçon. Les purgatifs n'étaient jamais estimés autant que les émétiques. La dose qui aurait suffi pour un Européen robuste, n'était rien pour eux, il fallait qu'elle fut doublée. L'on nous demandait souvent : *La même quantité que vous avez donnée à un tel, qui en a été malade à mourir.* La plainte ordinaire de ceux qui désiraient une médecine pour le seul plaisir de la prendre, était : *qu'ils avaient mal partout.*

Le 20 août, la santé de M. Ritchie était à peu près rétablie. Mekni, qui nous avait toujours vanté son amitié, qui nous avait dit que, si nous avions besoin d'un millier de piastres, il nous les prêterait sur-le-champ, ne régla pas sa conduite sur ses protestations. Il vint bien voir M. Ritchie pendant sa maladie; mais, loin de lui offrir le moindre secours, il me refusa même toutes les bagatelles que je lui demandai. Une seule fois, il m'envoya une mesure de riz qui servit pendant huit jours pour le dîner de notre malade. Il n'était que trop évident qu'il désirait que nous mourussions tous, parce qu'en ce cas, il se serait approprié toutes nos marchandises.

De jour en jour le manque d'argent se faisait sentir davantage. Dans une de nos visites au sultan, M. Ritchie se hasarda à lui demander de nous en prêter. Il nous refusa, mais d'une manière amicale et en alléguant des raisons plausibles. Il nous protesta *sur son Dieu*, que nous pouvions disposer de tout ce qu'il possédait au monde, mais que les exactions du pacha ne lui avaient pas laissé une seule piastre. Nous savions pourtant qu'il en avait reçu quatre mille la veille, et qu'elles étaient déposées dans une caisse sur laquelle il était appuyé en nous faisant cette protestation mensongère. Nous nous retirâmes fort contrariés, et ne sachant à qui nous adresser. Nous essayâmes de vendre nos chevaux, mais ils étaient si maigres qu'on ne voulait pas même les regarder.

Vers cette époque, l'espion de Mekni vint nous proposer de nous acheter à vil prix nos draps et notre poudre : nous vîmes clairement qu'il n'était que l'agent du sultan. Nous avions essayé de vendre une partie de nos marchandises en les offrant un peu au-dessous du prix courant;

mais il fit en sorte que personne ne voulut nous en acheter. Réduit ainsi à la dernière extrémité, je me décidai à faire une traite de vingt livres sterling pour mon propre compte. Nous nous rendîmes chez le sultan, à qui nous expliquâmes que, s'il voulait nous avancer 80 piastres, et envoyer ma traite à sa femme, qui était à Tripoli, elle en recevrait le montant sur-le-champ du consul d'Angleterre. Il feignit de croire qu'il ne s'agissait que de huit piastres, s'écria qu'il n'était pas nécessaire de faire un écrit pour une somme si modique, qu'il nous la prêterait bien volontiers, et que nous la lui rendrions quand nous voudrions. Il était inutile de chercher à nous expliquer avec un homme décidé à ne pas nous entendre ; notre pauvreté nous força à accepter ses huit piatres, et le premier usage que nous fîmes de ce secours fut de nous régaler à dîner d'un morceau de viande.

Quoique nous ne sussions comment nous pourrions nous procurer d'autres moyens d'existence, nous nous trouvions fort heureux de ceux que nous venions d'obtenir, et nous le fûmes bientôt encore davantage. A notre arrivée à Mourzouk, nous avions prêté vingt piastres à notre vieux mamelouck Hadgi Mahmoud. Il nous avait déjà rendu la moitié de cette somme, et, précisément en cet instant, il vint nous apporter l'autre moitié, que nous reçûmes comme une faveur spéciale de la Providence. Nous résolûmes d'employer une partie de nos nouvelles richesses à engraisser nos chevaux, afin de pouvoir les vendre, et nous achetâmes une chèvre et quelques poules, comme une ressource contre les maladies futures.

Vers la fin de ce mois, il arriva du Bornou une grande caravane composée de marchands arabes de Tripoli et du Tibbou, amenant 1400 esclaves des deux sexes et de tout âge, mais dont les femmes faisaient la plus grande partie. Nous sortîmes pour les voir entrer dans la ville. C'était un spectacle déplorable. La plupart de ces infortunés étaient si épuisés de fatigue qu'ils pouvaient à peine marcher. Leurs pieds et leurs jambes, horriblement enflés, contrastaient avec leurs corps décharnés. Chacun d'eux avait une charge de bois à porter, et les enfans mêmes n'en étaient pas exempts. Leurs barbares maîtres montés sur des chameaux avaient le fouet suspendu au poignet, et s'en servaient de temps en temps pour leur faire reprendre courage. On avait pourtant eu soin de mettre en ordre la chevelure des femmes, d'huiler leur corps, et de raser les hommes, pour leur donner un extérieur plus avantageux en entrant dans la ville. Ils n'avaient d'autre vêtement qu'une pièce d'étoffe de coton, qui souvent tombait tellement en lambeaux qu'elle couvrait à peine leur nudité. Nous remarquâmes une jeune fille, je ne sais de quel pays, dont le dos et les épaules étaient tatoués de manière qu'on aurait pris sa peau pour une étoffe de soie. Plusieurs femmes portaient leurs enfans sur leur dos; quelques-uns étaient si jeunes, qu'ils devaient être nés en route.

Les habitans du Tibbou, qui amènent ainsi des esclaves du Bornou, ne commercent pas avec le Soudan, à cause de la grande distance. Ils échangent leurs esclaves contre des chevaux, qu'ils vendent avantageusement dans l'intérieur. Un beau cheval y vaut dix à quinze négresses, qui se vendent dans les ports de Barbarie quatre-vingt à cent cinquante piastres chacune. Tous ces marchands parlent de leurs esclaves comme les fermiers de leurs bestiaux. Quand ils arrivent à Mourzouk, on les engraisse, pour les mettre en état de se rendre à Tripoli, à Bengazi ou en Égypte. Ainsi ces malheureux ont seize à dix-huit cent milles à faire avant d'arriver à leur destination. Pendant ce voyage ils passsent quelquefois par les mains de huit ou dix maîtres, qui les traitent bien ou mal, selon leur caractère; et lorsqu'ils ont enfin été vendus à celui auquel ils doivent définitivement rester, ils ont souvent à commencer un nouveau voyage aussi long et aussi pénible que celui qu'ils viennent de finir.

Voici les renseignemens que j'ai recueillis des marchands du Bornou ; mais je prie mes lecteurs de se rappeler que je ne fais que répéter ce qui m'a été raconté. Je m'abstiendrai de donner mon opinion sur le cours du Niger ; car j'ai trop souvent reconnu combien peu l'on doit ajouter foi aux informations que l'on recueille de la bouche des Africains.

Le Bornou est un grand pays situé à quarante journées, c'est-à-dire, à environ sept cents milles au sud du Fezzan. Il est borné à l'est par le Baghermi, à l'ouest par le Kenno, et au nord par le Kanem. Peu de marchands vont au sud du Bornou ; par conséquent ils ne peuvent parler des pays situés de ce côté. Il règne beaucoup de contradictions dans ce qu'on dit de la position de Birni, capitale du Bornou, ou pour mieux dire Birni-djedid, ou le nouveau Birni, pour le distinguer de Birni kadim, ou le vieux Birni.

Ces deux villes sont à cinq journées de distance est et ouest l'une de l'autre, sur le bord du Tsad. Le vieux Birni est le plus occidental, et maintenant presque abandonné. Son voisinage des Fellatas, maîtres du Soudan, l'exposait à des incursions fréquentes ; de petites troupes de maraudeurs se mettaient même en embuscade pour enlever les habitans isolés qui s'occupaient de leurs travaux : en conséquence on se décida, il y a environ huit ans, à bâtir une nouvelle ville plus au centre du pays, et à abandonner celle qui de temps immémorial en avait été la capitale. Cette circonstance explique la différence qui règne dans les distances données par les marchands, quand ils parlent de Birni; les uns parlant de l'ancienne ville, et les autres de la nouvelle. C'est de cette dernière que je calculerai toutes les distances.

On compte dix journées de route de Birni aux frontières du Baghermi (1). Louggan, ville

---

(1) Voici les distances de Birni djedid à différentes villes de cette partie de l'Afrique, avec leur situation respective.

Baghermi, dix grandes journées, est-sud-est.

Maou, capitale du Kanem, quinze journées, nord-nord-est.

Kanno, dix journées, ouest.

Kouka, quinze journées, est quart sud-est.

Kattagoum, quatre journées, ouest-sud-ouest.

Ringhem, neuf journées, ouest-sud-ouest.

Chaïkou, deux journées, ouest.

Kavar, dix journées, nord-est.

Bilma, quinze journées, nord-est.

Makari, huit journées, est-sud-est.

Ongornou, quatorze journées, est quart sud-est.

Zegzeg, quinze journées, sud-ouest.

Zakari, huit journées, ouest.

Ouaday, seize journées, est.

du Bornou est à mi-chemin; le Tsad la traverse, en coupant la route de manière que ceux qui vont dans le Baghermi sont obligés de le passer. Cette rivière est fort large et coule du sud-ouest au nord-est. On transporte d'une rive à l'autre les marchandises pesantes sur de grands radeaux soutenus par des calebasses, et que des hommes à la nage poussent en avant. On se sert de radeaux plus petits pour passer les marchandises légères, ou une demi-douzaine d'hommes. Ils sont formés de pièces de bois, posées en travers et soutenues par des calebasses. Les hommes s'y mettent à califourchon les jambes dans l'eau, et s'aident des pieds et des mains pour faire marcher la machine. Enfin une sorte de radeau plus légère encore ne porte qu'un seul homme; c'est une pièce de bois soutenue par les deux bouts sur deux calebasses. Quand on veut traverser la rivière on s'y asseoit de même à califourchon. Quoique les crocodiles soient communs dans cette rivière, on assure que jamais ils n'attaquent les jambes de ceux qui la passent de cette manière. Est-ce le radeau, est-ce la couleur

---

La partie méridionale du Bahr el Ghazal, dix journées, est-nord-est.

Cachena, seize journées, ouest.

Mourzouk, quarante journées, nord.

rouge des calebasses qui effraie ces animaux? c'est ce que je ne saurais dire.

Les habitans de ce pays disent que cette rivière traverse le Four (le Darfour de Brown), et se rend ensuite en Égypte.

Tout ce qu'on nous racontait sur le Tsad, était si contradictoire que nous ne savions que penser des erreurs commises par quelques-unes des personnes qui nous donnaient des renseignemens. Suivant les uns, le Tsad est un lac si considérable que de Birni on ne pouvait pas en apercevoir la rive opposée; les autres prétendaient que ce n'était qu'une petite rivière; enfin le neveu du Cadi qui venait d'arriver, concilia les deux versions, en nous disant que le Tsad, après les pluies d'été, est un lac immense dans lequel plusieurs torrens se déchargent; qu'alors il est pendant quelques mois d'une si grande étendue que la vue ne peut s'étendre d'une rive à l'autre: on y pêche beaucoup de poisson, et on y navigue en bateau, mais au commencement du printemps, quand les grandes chaleurs arrivent, il se dessèche, et n'est plus qu'une petite rivière qui vient de l'ouest et qui coule vers l'orient. Il ignorait dans quel pays elle se rendait ensuite. Dès que les eaux se sont retirées, on sème du grain et des légumes sur le terrain laissé à sec, et l'on en fait la récolte avant le retour de la saison des pluies.

Au-delà de Birni, on donne au Tsad le nom de Gambarrou, et même celui de Nil. Il n'y a pas long-temps que c'était encore la coutume de jeter dans ses eaux, à l'époque de leur crue une jeune vierge richement vêtue et la plus belle qu'on pût trouver. Les premiers personnages de l'Etat se trouvaient honorés qu'on donnât la préférence à une de leurs filles, et les savans pronostiquaient une bonne ou une mauvaise récolte, suivant que la victime se noyait plus ou moins facilement. Cette coutume barbare fut abolie par un musulman très-religieux, qui introduisit aussi dans le pays beaucoup d'autres réformes salutaires.

Près du Baghermi, à l'est du Bornou, on trouve le pays de Mandra, qui est sous la protection du Bornou, auquel il paie tribut, mais qui n'en est pas moins exposé aux incursions de ses prétendus protecteurs, qui y vont enlever des esclaves. Les habitans sont bien faits, et les femmes sont vives et spirituelles. Ils sont idolâtres, et vivent dans des huttes de nattes cousues ensemble. Ils les nomment *bouchia*.

A Kattagoum, une rivière, que les habitans nomment le Nil, traverse la route du Bornou à Cachena : elle est fort large; on la passe sur des radeaux. L'eau est douce, et l'on y pêche beaucoup de poisson. Elle a une crue périodique, et déborde quelquefois.

Ongornou est situé à une journée de Kouka. Il s'y tient tous les ans, au printemps, un grand marché d'esclaves, qu'on y amène sans risque de tous les pays voisins, parce qu'un armistice général a lieu à cette époque. Cette ville est soumise au Bornou : les habitans sont mahométans. Une rivière coule à l'est de la ville.

Le Bahr el Ghazal est une immense vallée, qui s'étend de sud-ouest en nord-est. Elle est habitée par des nègres errans, qui sont idolâtres, ou du moins qui ne sont pas musulmans. Elle est couverte de forêts, dans lesquelles il se trouve une grande quantité d'éléphans, de rhinocéros, de lions, de buffles et de giraffes, que les Arabes nomment *dgimel allah*, ou chameau de Dieu. Les naturels parlent une espèce d'arabe corrompu ; ils ont aussi deux idiomes particuliers. Ils sont grands, bien faits et alertes ; leurs cheveux ne sont ni laineux ni crépus. Les uns portent des vêtemens de cuir, les autres sont entièrement nus. Les bestiaux y sont en si grand nombre, que certaines parties du pays en semblent couvertes. On trouve dans les bois une grande quantité de dents d'éléphans.

Toutes les relations de ce pays s'accordent sur un point essentiel ; c'est que, quoiqu'on l'appelle

Bahr (nom que les Arabes donnent aux lacs et aux fleuves), il n'y existe aucune rivière : autrefois il y en avait une très-considérable. On y trouve souvent, dans un état de pétrification, des os d'animaux et des arêtes de poissons inconnus. D'après la description qu'on fait des arêtes et des vertèbres, quelques-uns des poissons devaient avoir dix à douze pieds de longueur. On rencontre souvent dans la terre de belles coquilles qui conservent leur poli; quelques-unes sont si grandes, que les nègres en font des coupes.

Le Battalia, qu'on nomme souvent Bahr, paraît, d'après quelques relations, être près du Bahr el Ghazal, tandis que d'autres assurent qu'il en fait partie. On croit aussi, en général, qu'il y passait autrefois une rivière, et qu'on y trouve des pétrifications.

Le Bornou est soumis à un sultan, regardé comme très-puissant; mais depuis quelques années, il a laissé le cheikh du Kanem, pays sous sa dépendance, empiéter sur son autorité. Ce cheikh, nommé Hadgi el Amin, est un grand marabout; il ne porte sur sa personne, sous le prétexte de la religion, ni or ni argent, et se contente de quatre épouses; mais il a plusieurs femmes esclaves, qui lui ont donné un grand nombre d'enfans. Il fait sans cesse la guerre aux idolâtres, ses voisins, aux dépens desquels il s'enrichit en leur enlevant des esclaves et des chevaux. Il demeure à Mahou, capitale du Kanem. Tous les commerçans du Fezzan lui portent des présens, et le regardent comme beaucoup plus redoutable que son prétendu maître, qui vit maintenant d'une manière fort tranquille.

A une journée de Mahou, se trouve une grande rivière, qui vient du nord-ouest et qui coule au nord-est. Elle est large et profonde: on y pêche beaucoup de poissons, que l'on conserve en les faisant sécher au soleil. Les naturels du pays lui donnent le nom d'*Yaou*, et les marchands maures, celui de Nil.

Lors de la dernière excursion que Mekni fit de ce côté, il attaqua les habitans du Kanem, sans distinction de musulmans ou d'idolâtres; ces pauvres gens ne se défendirent pas, Mekni ayant annoncé qu'il ne venait dans le pays que pour aller attaquer des États voisins qui l'avaient offensé. Il prit la capitale, la brûla, et emmena dix-huit cents esclaves. En s'en retournant avec son butin, il eut à traverser un désert sablonneux, dans lequel il ne se trouve pas d'eau. Pendant trois jours, il s'éleva un vent furieux, qui fit voler le sable de tous côtés, et qui continua à souffler pendant deux jours. L'obscurité était telle qu'on ne savait de quel côté avancer. Mekni fit marcher en avant les esclaves : la plupart périrent en chemin. Le vent ne cessant pas, Mekni, dont l'impatience était au comble, fit massacrer les autres. La perfidie et la cruauté de Mekni l'ont rendu, à juste titre, un objet d'horreur pour le Kanem. Son nom n'y est prononcé qu'avec des malédictions contre lui et ses ancêtres; ce sont les premiers mots qu'on apprend à prononcer aux enfans. Le cheikh eut, dans ce désastre, le bonheur de se sauver à Birni; plusieurs personnes de sa famille furent sacrifiées à la cruauté de Mekni.

On se sert dans le Bornou d'une petite monnaie de cuivre qui se frappe dans le pays. L'or est employé comme ornement plutôt que comme moyen d'échange. Les habitans se disent *croyans*, mais la plupart sont idolâtres. Dans les cantons les plus civilisés, ils portent des vêtemens de coton. Leurs armes sont la lance, l'arc et la flèche. Quelques gardes du cheikh et du sultan ont des fusils, et ils ne savent pas fabriquer de bonne poudre. Le pays est fertile en grains et en fruits, entre autres en tamarins.

Aghades est en même temps le nom d'une ville et d'un grand territoire (1): on peut s'y rendre

---

(1) Route de Mourzouk à Aghades et à Cachena, sud-ouest quart de sud.

de Mourzouk en trente-six journées pendant l'été, mais il en faut quelquefois quarante-cinq en hiver. Ce pays est habité par des Touaricks, mahométans rigides. La ville est plus grande que Mourzouk ; elle est bâtie de la même manière, mais quelques maisons ont un étage au-dessus du rez de chaussée. La principale mosquée a un minaret que les Touaricks prétendent plus élevé qu'aucun de ceux qu'on voit en Égypte. Ce pays est indépendant, il est gouverné par un cheikh mulâtre, de moyen âge, nommé Yousamffa, qui passe pour être aussi puissant que le sultan du Fezzan. La surface du pays est couverte de bonne terre et non de sable. Il abonde en bons pâturages, et produit quantité de grains, de légumes et de

---

De Mourzouk à Akraf..........	14 journées.
D'Akraf à Felezlis............	4
De Felezlis à Tadent.........	4
De Tadent à Assieou...........	6
D'Assieou à Tradjitt..........	4
De Tradjitt à Seloufia.........	2
De Seloufia à Aghades.........	2
D'Aghades à Bigzam...........	3
De Bigzam à Ghroulghiouwa....	3
De Ghroulghiouwa à Tagama...	7
De Tagama à Cachena..........	7
TOTAL.........	56 journées, à vingt milles par jour.

dattes. La nourriture animale y est à très-bon marché.

Cachena est à vingt journées de distance d'Aghades et de Noufy. Un ami d'Horneman, qui connaissait bien le Soudan, m'a donné le nom des villes qu'on trouve en allant de Cachena au Noufy (1), pays situé sur les bords du Niger. La capitale est Bakkani ; Horneman y mourut dans la maison d'un nommé Aly el Felatni. Celui de qui je tiens ces détails, avait accompagné Horneman, de Mourzouk jusqu'à cette ville. Ils avaient fait connaissance dans le Fezzan, et avaient été ensemble dans le Bornou, où ils se séparèrent. Trois ou quatre mois après, ils se rencontrèrent, dans une caravane qui allait à Cachena, et y renouèrent connaissance. Horneman s'était acquis l'affection de tout le monde par ses qualités aimables et ses talens en médecine : on le regardait comme un marabout. Quelque temps après, ils allèrent avec d'autres marchands dans le Noufy, et logèrent ensemble chez Aly. Horneman avait le projet de se rendre ensuite, par le

---

(1) Ce sont Yandekka ; Dongroumaki ; Zermi, très-grande ville ; Faouchi, ou Zanfara ; Doufa Mafora ; Thalata Moma ; Bakoura ; Gandi ; Burni Dengada ; Sakkatou, grande ville habitée par les Fellatas, et Chifferadaati, d'où l'on entre dans le Noufy.

Dagomba, dans le royaume d'Achantie, qui est à quarante journées de distance vers le sud. Quand notre marchand partit de Bakkani, il l'y laissa en bonne santé; mais en arrivant à Cachena, il apprit qu'Horneman était mort d'une dyssenterie, peu de jours après leur séparation.

Un nommé Mustapha, fils d'un vieux mamelouck qui avait été étranglé avec ses deux autres fils, par ordre de Mekni, ayant échappé au massacre de sa famille, se sauva dans le Soudan. Il me dit qu'il avait traversé trois rivières sur la route de Cachena. Une seule d'entre elles est large, profonde et poissonneuse; l'on y voit des hippopotames et des crocodiles. On la traversait dans des barques et sur des radeaux. Il croyait qu'elles coulaient toutes trois de *l'est à l'ouest*, mais il ne l'affirmait pas positivement. Ce fait, disait-il, ne lui avait pas semblé assez important pour en charger sa mémoire (1).

---

(1) La plus petite de ces trois rivières se nomme Ringhem. Elle est profonde, mais étroite. L'eau en est douce. Elle est à cent journées à l'est de Cachena. Une ville nommée Sankara en est à une journée à l'est.

La seconde se nomme Doudrou; elle coule à six journées presque au sud de Cachena. On y voit des canots creusés dans un tronc d'arbre.

Il y a dix journées de chemin au sud-est de Cachena à la troisième rivière nommée le Kattagoum, qu'on retrouve

On compte de Cachena à Sakkatou neuf journées et demie. Cette dernière ville est la résidence de Bello, fils de Hatman Danfodio, fameux chef des Fellatas. Elle est considérable, entourée de murs, et située à trois journées de Gouberr, qui est aussi une ville des Fellatas, et à une journée à l'est de Cabi ou Kebbi. Les Fellatas ont maintenant des demeures fixes : c'était autrefois une tribu guerrière nomade; arrivée de l'ouest, il y a quelques années, elle subjugua tout le Soudan, et porta ses conquêtes jusqu'au vieux Birni, ce qui détermina le sultan à faire construire la nouvelle ville à quelques journées de distance à l'est. Ces conquêtes finirent par causer la ruine des Fellatas; car, ne pouvant se maintenir en force dans tous les pays qu'ils avaient subjugués; les tribus qu'ils avaient vaincues finirent par les repousser. On ne les trouve plus à présent à l'est de Cachena. Leur teint étant moins noir que celui des peuplades voisines, ils se disent blancs. La couleur de leur peau ressemble à celle des Bohémiens ou Zingaris.

Parmi les esclaves que l'on amène à Mourzouk, il se trouve beaucoup de femmes de cette nation; elles sont fort belles. Je n'ai jamais vu d'hommes

---

encore à l'est nord-est sur la route du Bornou. Elle est toujours très-large, mais après les pluies elle inonde le pays.

dans le nombre : l'on m'a assuré que dans les dernières guerres on mit à mort tous les prisonniers. Ce peuple est presque toujours en guerre avec les Touaricks, ennemis redoutables, qui les harassent continuellement.

Cachena dépend en grande partie de Bello, qui en nomme le kaïd ou gouverneur. Celui qui est maintenant revêtu de cette dignité, se nomme Mellona Amarrou Delaghi, et prend le titre de sultan en l'absence de son maître. Il fait sans cesse des incursions dans tous les pays qui l'entourent; il est fort redouté. La langue des Fellatas est le foulah de Mungo-Park. Ils se donnent le nom de *Fellan*.

Bello s'est rendu célèbre par beaucoup de belles actions; il est universellement aimé. C'est un guerrier consommé; ses soldats sont bien armés et bien équipés. Bien différent des autres chefs, il n'achète pas aux caravanes des étoffes brillantes, des objets de fantaisie : ce sont des armes de toute espèce qu'il s'empresse d'amasser. Le respect pour la religion qu'il professe est au nombre de ses vertus. Un homme qui se faisait passer pour un chérif, quoiqu'il ne le fût pas, ayant été pillé par les Touaricks, Bello fit présent à cet imposteur de cent négresses, afin de donner une preuve de son respect pour la mémoire du prophète en la personne d'un de ses descendans : il a deux cents enfans fils d'autant de négresses.

Les coquillages nommés cauris sont la monnaie courante de Cachena, et de toutes les villes qui sont plus à l'ouest. 2,000 forment la valeur d'une piastre. Tout ce qui est nécessaire à la vie est à très-bon marché dans le Soudan. Un poulet s'y vend cinq cauris, un mouton 600, un bœuf 2,500. Pour une piastre on a 300 livres de riz. On s'y sert de bœuf pour porter des fardeaux. Les ânes y sont très-beaux. Les chameaux sont rares et chers dans certains cantons. On y prépare le cuir aussi bien qu'en Europe ; on le teint en diverses couleurs ; quelquefois on lui donne le brillant du vernis. Les caravanes en apportent des coussins, des sacs, des sandales, des jarres, et des coffres de cuir, qu'elles vendent très-bon marché. Les jattes et les gamelles en bois et en calebasses sont d'un travail délicat, et très-recherchées par les marchands du Fezzan. Les femmes de Cachena fabriquent une étoffe de coton aussi fine que solide ; mais elles ne lui donnent jamais plus de trois pouces de largeur. Elles cousent ensemble ces bandes d'étoffes avec tant d'art, qu'au premier coup d'œil, on a peine à distinguer la couture. La couleur bleue domine généralement dans ces étoffes.

Les habitans du Soudan sont fort ignorans.

Très-peu d'entre eux savent lire : ceux-là font un grand étalage de leur science, et y trouvent leur intérêt. Un homme arrivé à ce degré de savoir, est toujours respecté, et devient un personnage d'importance. On recherche à très-haut prix sa présence aux cérémonies des naissances et des mariages pour écarter le diable, qui ne peut supporter la vue d'un homme en état de lire le coran. Ceux qui savent écrire des charmes ou sattis trouvent dans leur science une source certaine de richesses.

La moitié des habitans des bords du Niger fait profession de l'islamisme ; mais ces musulmans ne connaissent pas leur religion ; ils savent à peine quelques prières. Ils se bornent à reconnaître l'unité de Dieu et la mission divine de son prophète. Les autres sont païens, invoquent le diable, adorent tout ce qui les frappe dans la nature ; et quelques peuplades paraissent même n'avoir aucune espèce de culte.

Pour rendre justice à ces êtres infortunés plongés dans les ténèbres de l'ignorance, je dois pourtant dire que je n'ai jamais vu tant d'innocence, de douceur et de bonté que parmi les esclaves qu'on amenait de Cachena à Mourzouk. Quand un de leurs compagnons d'infortune vient à mourir, ils ne poussent pas des lamentations bruyantes, comme font leurs persécuteurs; ils gardent le silence, versent des pleurs, et refusent la mince ration qui leur est allouée. Si une femme tombe malade, les autres la consolent, lui prodiguent leurs soins, et se privent pour elle d'une partie de leur nourriture. Je ne parle ici que des femmes; car les hommes ne sont pas doués de la même sensibilité; ils se croiraient même déshonorés d'en montrer. Si une femme a un enfant, ses compagnes le portent et cherchent tour à tour à l'amuser. Elles ont rarement l'humeur sombre; elles sont vives sans être étourdies ni bruyantes; elles aiment la propreté et la parure, montrent de la docilité et de l'aptitude à apprendre; mais, en acquérant des connaissances, elles perdent malheureusement de leur simplicité naturelle.

A douze journées à l'ouest de Cachena, on trouve Bodinga (1), ville considérable.

---

(1) Route de Cachena à Bodinga.

De Cachena à Zoumma	1 journée.
De Zoumma à Calua	3
De Calua à Gadaya	½
De Gadaya à Karari	2
De Karari à Tekamourafa	2
De Tekamourafa à Sakkatou	1
De Sakkatou à Kebbi	2
De Kebbi à Bodinga	½
TOTAL....	12 journées.

De Cachena à Gauberr on compte cinq à six journées ouest-quart-sud-ouest. C'est la principale ville des Fellatas ; elle fut pendant quelques années la résidence de leurs sultans. Elle est entourée de murs ; les maisons y forment des rues. Les environs en sont fort beaux.

A trois journées à l'est-nord-est de Cachena est la ville de Tessara.

Kanno (1) est à quatre journées de Birni. C'est une ville considérable.

Ringhem (2) est à trois journées au nord de Cachena. Cette ville est située sur une rivière qui porte le même nom et qui vient des pays au sud de Cachena.

A quatre journées de distance à l'est de Ringhem (3), on rencontre Kaitagoum, sur le Niger

---

(1) Route de Cachena à Kanno dans le Bornou, à l'est.

De Cachena à Sabongari	1 journée.
De Sabongari à Roma	1
De Roma à Bechi	1
De Bechi à Kanno	1

(2) Route de Cachena à Ringhem, au nord.

De Cachena à Gayzaa	1 journée.
Gayzaa à Zakari	1
De Zakari à Ringhem	1

(3) Route de Ringhem à Kattagoum, à l'est.

De Renghem à Gonga	1 journée.

(Goulbi ou Kattagoum), qui vient d'environ treize journées au sud au-delà de Cachena. Son cours à Kattagoum est nord-est. Il faut le traverser (1).

A deux journées plus loin, et toujours à l'est, on entre dans le territoire d'Ibrahim Zubbo, occupé par une tribu d'Arabes. Ce nom vient de celui du premier cheikh, qui les réunit en corps de tribu. Ce sont des hommes noirs qui n'ont aucun des traits caractéristiques des nègres (2).

Cachena est à quatre journées à l'est de Zanfara. A trois journées au nord-est de Cachena, on trouve le pays, et non pas la ville de Daoura.

De Gonga à Mayga.................. 1 journée.
(Ce pays produit d'excellentes dattes.)
De Mayga à Aouyek................. 1
D'Aouyek à Kattagoum.............. 1

(1) Route de Kattagoum à Ibrahim Zoubbo, à l'est.

De Kattagoum à Zoumava............ 1 journée.
De Zoumava à Gizzra............... ½
De Gizzra à Ibrahim Zoubbo........ ½

(2) Route d'Ibrahim Zoubbo à Kulaxa, au nord.

D'Ibrahim Zoubbo à Dovra.......... 1 journée.
De Dovra à Kalava................. 1
De Kalava à Chakou, à l'est....... 1
De Chakou à Bayankalaoua.......... 1
De Bayankalaoua à Demetro......... 1

Les habitans sont idolâtres, fort nombreux, et constamment exposés aux incursions des Fellatas. Kebbi ou Caby est à trois journées au nord-est de Bakkani, principale ville de Noufy. Kouka (le Cauga des cartes géographiques) est à trente journées, est-quart-sud-est, de Cachena, et très-exposé aux incursions des habitans du Ouaday. Kanno est à quatre journées à l'est de Cachena, et Zegzeg est à quatre ou cinq, au sud-est. Yagouba est à six journées au sud de ce dernier endroit. Yemyem est le Lemlem des cartes. Les habitans passent pour cannibales, et d'après un fait qui est venu à ma connaissance, je ne puis douter que l'assertion ne soit vraie. Un de mes amis avait un esclave de ce pays, âgé d'environ dix ans. Je priai quelqu'un qui parlait une langue que cet enfant comprenait, de lui demander, sans avoir l'air d'y attacher d'importance, quelle partie du corps d'un homme était considérée comme la meilleure dans son pays. Il répondit sur-le-champ, et sans hésiter, que c'était la poitrine; que les hommes la mangeaient, et qu'on donnait les autres parties aux femmes et aux enfans. Il ne put nous dire si les victimes étaient des prisonniers de guerre ou des naturels du pays (1).

---

(1) Il est remarquable que M. Bowdich, dans son voyage

Ce pays confine au sud avec le Zegzeg. Il est fort étendu ; les habitans y vivent, dit-on, dans l'état de nature. L'Yagouba est limitrophe de l'Yemyem, à six journées au sud du Zegzeg. Le Marady est un pays situé à mi-chemin entre Cachena et Gouberr : les fréquentes incursions des Fellatas l'ont presque entièrement dépeuplé. Les habitans sont idolâtres, et ne portent d'autre vêtement qu'un morceau de cuir autour des reins. Ce sont de très-beaux hommes.

Il paraît que dans le Soudan on ne connaît pas Tirka. Il y a dans le Borgou un puits des Tibbous qui se nomme Tirké.

Le Touat est désigné sur plusieurs cartes, comme une ville ; c'est un grand pays sur les confins du Soudan, et principalement habité par les Touaricks. Il est situé dans le grand désert, et généralement stérile. On y élève de très-beaux chevaux ; les troupeaux y sont nombreux. Les habitans commercent avec Tombouctou Ghadams, le Soudan et le Fezzan ; ils s'avancent rarement à l'est jusqu'au Bornou. Ce pays s'étend en longueur du nord au sud. Les mai-

---

en Achantie parle aussi d'une nation de cannibales située au nord de ce royaume, et la position où il la place paraît s'accorder assez avec ce que dit ici le capitaine Lyon.

Note du Traducteur.

sons sont bâties en pierre et en terre; plusieurs villes sont entourées de murs.

Aïn el Salah (la fontaine des saints) en est la principale ville. Elle porte ce nom à cause de la sainteté de ses habitans qui passent tous pour marabouts. On compte de Mourzouk à cette ville, quarante journées de distance à l'ouest; Tafilet en est à dix journées au nord-ouest, et Tombouctou à cinquante, à travers un pays complètement désert. Ghadams, qui appartient au pacha de Tripoli, est à vingt journées au nord-nord-est d'Aïn el Salah.

Tombouctou est à environ quatre-vingt-dix journées de Morzouk, en traversant le Touat. D'après ce que m'en ont dit les marchands, il paraît que ce n'est pas une ville aussi considérable qu'on se l'est imaginé. La plupart assurent même qu'elle n'est pas plus grande que Mourzouk. Elle est entourée de murs, et bâtie régulièrement, à l'exception d'une ou deux petites rues. Les maisons y sont fort basses, et un grand nombre ne sont que des huttes formées avec des nattes.

D'après le rapport de ces marchands, voici comment on peut expliquer la grande population qu'on attribue à Tombouctou. La plupart des caravanes qui viennent de Maroc, de Tripoli, de Ghadams, et des États Nègres, le long du Nil, sont obligées d'y séjourner pendant la saison des pluies, ou jusqu'à ce qu'elles aient vendu leurs marchandises. Pendant ce temps, les marchands se construisent des cabanes pour se mettre à couvert avec ce qu'ils ont à vendre, ce qui ne demande que quelques jours. La population de Tombouctou se trouve ainsi augmentée, dans le cours d'un mois, de dix à quinze mille ames, ce qui fait regarder cette ville comme immense. Après leur départ, ce n'est plus qu'une ville très-peu importante. Voilà pourquoi les diverses relations qui en parlent paraissent contradictoires.

Kabra, port de cette ville, en est éloigné d'environ 12 milles au sud, de sorte qu'on peut aisément y aller et en revenir à pied en un jour. Kabra est une réunion de magasins plutôt qu'une ville ; le petit nombre d'habitans qui y demeurent, ne sont occupés qu'à prendre soin des cargaisons qui arrivent par eau. Il y vient de grandes barques de Jenné. La rivière, qu'on y appelle le Nil, ou le Goulbi, nom qui, dans la langue du Soudan, s'applique à toutes les rivières, et non pas seulement au Niger, y est fort large, et coule lentement en venant de l'ouest. On convient généralement que, pendant la sécheresse, un chameau peut la traverser à gué ; mais, après les pluies, elle devient profonde, rapide et dangereuse.

Tombouctou est gouverné par un roi ou sultan, dont l'autorité est fort limitée. Les habitans sont nègres ; leur costume est à peu près le même que celui des naturels de plusieurs parties du Soudan. Les plus riches portent une chemise et des pantalons ; les autres sont à peu près nus. Les principales manufactures de Tombouctou et des villages voisins sont celles de toiles de coton, de cuirs, et d'armes. On y fait un grand commerce d'or qui vient de Djiuny ; ce qui a valu à cette ville le nom de *Beled el Tibbr*, ou pays de l'or.

Je ne pus rien apprendre sur Mungo Parck. Chacun s'accordait pourtant à dire qu'il était impossible qu'un européen existât dans cette ville, sans que les marchands en fussent instruits, car ils entrent dans toutes les maisons, sans même en excepter celle du roi. Ainsi, l'idée qu'on avait eue que Mungo Parck était retenu dans cette ville par le sultan, à cause de ses talens en chirurgie, disparaît entièrement. Il n'y a que trop de raisons pour croire qu'il n'existe plus.

Beaucoup de juifs de Maroc commercent avec Tombouctou : leurs usages diffèrent de ceux des mahométans ; ce qui a donné naissance au rapport, d'après lequel il y avait des chrétiens dans ce pays. On dit qu'ils sont circonscis, et qu'ils suivent les autres pratiques de leurs co-religionaires. On ajoute qu'au sud de Tombouctou, on trouve une nation de juifs, qui ont un langage particulier, et parlent un peu l'arabe.

Le roi de Tombouctou est un vieillard. Il se nomme *Kaou*; ce qui signifie, je crois, gouverneur ou maître. Il a une vieille femme, et beaucoup de concubines. Sa dignité est héréditaire (1).

Le Nil, ou Goulbi, ou Djaliba, ou Kattagoum, va de Tombouctou à Melli, dans le pays des Fellatas, passe à Kaby, qui est à trois journées au nord de Moufy, ensuite à Yaouri, qui est

---

(1) Daonna est à une journée et demie à l'est de Tombouctou. C'est une ville ou un territoire considérable sur les bords du Nil. Arovan, grande ville, est à sept journées au nord. Ezaven, autre grande ville, est à vingt journées à l'est. Taudenny, d'où viennent tous les ans les grandes caravanes qui apportent du sel de roche, est à vingt-quatre journées au nord de Tombouctou. Telemsen qui en est à mi-chemin, est remarquable par un désert dans lequel on marche dix jours sans trouver d'eau, ce qui l'a fait nommer Acheria. Mabrouk est à trois journées au nord de cette ville, à dix journées au sud de Taudenny, à sept journées à l'est d'Aarovan et, à dix-huit journées au sud d'Arlef dans le Touat. Sala est une ville à trois journées à l'est de Tomobuctou sur le Nil.

à sept journées à l'est. Il entre alors dans le Fendah, pays habité par des Fellatas, au sud-ouest de Cachena, et traverse ce dernier royaume à treize journées au sud de la capitale. Il reparaît à Kattagoum, à quatre journées ouest-sud-ouest de la capitale du Bornou, où il se jette dans un lac, nommé le Tsad. Au-delà de ce lac, une grande rivière traverse le Baghermi, et y prend le nom de *Gambarro*, de *Kamadakou* et de Nil. Là s'arrêtent nos connaissances sur le cours du Niger : plus loin on est réduit aux conjectures. Cependant, quelque route qu'on lui assigne, chacun est d'accord que, de manière ou d'autre, il va se jeter dans le grand Nil d'Égypte, au sud de Dongola.

Nous ne pûmes obtenir aucunes informations bien précises sur le Ouangara. Il paraît que c'est un pays bas, qui est quelquefois inondé. Les uns le placent à une vingtaine de journées au sud de Tombouctou, les autres au sud de Cachena; quelques-uns même au-delà du Ouaday. D'après des relations si différentes, il est impossible de se former une idée de sa véritable situation, ni même de s'assurer de son existence.

S'il existait réellement trois pays différens qui portassent ce nom, ne serait-il pas probable que ce fût un nom général, pour désigner des marais et des marécages? On dit que la capitale de Ouangara, qu'on place au sud de Tombouctou, se nomme *Battagou*, et que c'est une grande ville, dans les environs de laquelle on trouve beaucoup d'or. L'homme de qui je tiens ces détails, ajoutait qu'une nation invisible habite dans le voisinage, et fait son commerce de la manière suivante. Les commerçans qui viennent pour trafiquer, apportent leurs marchandises pendant la nuit, les déposent en tas dans un endroit déterminé, puis se retirent. Le lendemain matin, ils trouvent en face de chaque objet qu'ils veulent vendre, une quantité de poudre d'or équivalente au prix qu'on veut leur en donner. Quand les marchands reviennent, s'ils trouvent l'offre suffisante, ils prennent l'or et laissent leurs marchandises. Dans le cas contraire, ils ne touchent à rien, jusqu'à ce qu'on ajoute une quantité suffisante à la poudre d'or. Ces commerçans sont généralement regardés comme des diables qui aiment beaucoup le drap rouge, principal objet d'échange. Je ne puis supposer que ces marchands soient Arabes; car ce sont, de tous les hommes, ceux qui résisteraient le moins à la tentation de s'emparer de l'or exposé à leur vue.

Le Haoussa, le Soudan ou l'Afnou, doit se trouver entre les frontières de Tombouctou et le Kanno, qui est à quatre journées à l'est de Cachena. Il paraît que ce nom n'appartient qu'au pays qui s'étend de l'est à l'ouest le long de la grande rivière; car Aghades, situé au nord de Cachena, n'est pas dans le Soudan, il en est de même de l'Yemyem, qui en est au sud.

Soudan est un mot arabe, signifiant *noir*. Il se nomme aussi Beled el Abid, *terre des esclaves*. Mais les indigènes s'accordent à lui donner le nom d'Haoussa, qu'on a pris mal à propos pour celui d'une ville.

Le Bornou est situé entre le Kanno et le Baghermi. Les habitans du Ouaday apportent à Ouara, capitale du Baghermi, des poissons qu'ils prennent dans une grande rivière qui coule à l'est de ce pays, et qu'ils font sécher.

Je ne pus trouver personne qui connût Solan, Berissa, Tirka Gana ou Noro. On dit que des marchands vont constamment du Noufy à la grande mer pour commercer avec les blancs, et qu'ils rapportent des poteries, de la poudre, des armes et de l'eau-de-vie. On ajoute même que quelques-uns de ces marchands entendent la langue des blancs.

Je dois faire observer que du Canno au Zegzeg la route est sèche, même en hiver; mais, qu'en été, le pays est tellement couvert d'eau en plusieurs endroits, qu'on le prendrait pour un lac immense. Celui qui nous donna ces détails, et qui était bon observateur, ajouta qu'il n'y avait pourtant vu aucune rivière, mais qu'il supposait que *cette eau dormante* venait du Nil de Cachena. Il était resté à commercer dans le Zegzeg jusqu'à la fin de l'inondation, et il y avait fait de bonnes affaires. Pour sept aunes d'une étoffe rouge ressemblant à de la serge, il avait eu neuf négresses. Il m'en fit voir une qui était jeune et jolie: elles venaient de l'Yagouba.

A mi-chemin, entre le Noufy et l'Achantie, on trouve le Gondja, pays d'une grande étendue. On dit que les habitans savent dompter les éléphans, qui y sont très-nombreux, comme dans le Soudan. Les marchands le traversent pour se rendre à la Côte-d'Or.

Les montagnes de Kong, près du Dagomba, existent, dit-on, réellement, mais je ne sais si elles portent ce nom. Au-delà du Dagomba, le pays est bas et marécageux, et dans certaines saisons inondé. Dans le Soudan, le Bornou, et la plus grande partie des pays de l'intérieur, on appelle *kerdis* ou *kaffirs*, c'est-à-dire infidèles, tous les peuples qui ne sont pas musulmans; mais il n'en existe aucun qui porte ce nom, qu'on regarde comme un terme injurieux.

Dans tous les pays de l'intérieur, les femmes n'ont pas de moulins à bras pour moudre le grain. Elles le réduisent en poudre dans de grands mortiers de bois, et allègent ce travail en chantant.

Le manque de sel se fait vivement sentir en beau-beaucop d'endroits. Les Touariks d'Aghades et d'Asben, des tribus de Kellivé et d'Atesin, font un commerce avantageux de cette denrée, qu'ils apportent des lacs salés d'Agram (le Doumbou des cartes), situés dans le désert de Bilma, dont je fixerai la position quand je parlerai du Tibbou.

Les femmes du Soudan passent pour habiles chanteuses. Elles s'accompagnent d'un petit instrument fait d'une calebasse sur laquelle on étend une peau, comme sur un tambour. Il est garni d'un manche et d'une corde; elles en jouent avec une espèce d'archet de crin. Cet instrument se nomme *erbab*. Elles ont aussi des tambours, des cornemuses, des cymbales, et un instrument nommé *zantou*, qui est une gourde de forme allongée, percée par les deux bouts, dont elles frappent contre leurs gras de jambe, puis en arrêtent vivement le son avec la main.

Les femmes du Bornou sont moins belles, moins bien faites, moins propres et moins dociles que celles du Soudan. Aussi se vendent-elles beaucoup moins cher. Leur costume est remarquable dans les deux pays, et surtout la manière dont elles arrangent leurs cheveux. Celles du Soudan les étalent sur une espèce de coussinet à haute forme, qu'elles portent sur la tête, et qui ressemble à un casque; celles du

Bornou les aplatissent sur la tête, ou les laissent flotter en petites tresses. Elles portent une grande chemise de coton ou de soie rayée, et une pièce d'étoffe, dont elles se forment une espèce de jupon, qu'elles nomment *zinih*. Leurs pendans d'oreilles en argent, et les cercles de même métal, qu'elles portent aux bras et aux jambes, forment un contraste fort agréable avec leur peau noire comme le jais. Dans leur pays, au lieu de chemise, elles portent une grande pièce d'étoffe qui leur couvre le sein, et qui est attachée sous les bras.

J'ai eu souvent occasion de parler de Ghadams. Ce lieu est situé dans le désert, à quinze journées au sud-ouest de Tripoli. C'est là que se rassemblent les marchands qui vont à Tombouctou ou dans le Touat, avant de partir pour leur long voyage. Cette ville était autrefois indépendante. Depuis quelques années, elle a été prise par le fils du pacha de Tripoli, dont elle est devenue tributaire. Les habitans font un commerce réglé avec Tombouctou : la plupart parlent la langue de ce pays et celle des Touaricks. Il est assez singulier que Ghadams soit habité par deux tribus qui n'ont aucune communication entre elles. J'obtins les détails qui suivent, d'un marchand qui avait été plusieurs fois à Ghadams.

La ville est ceinte d'un grand mur circulaire,

coupé au milieu par un autre mur qui sépare les deux villes. Au centre, est une porte qui se ferme en cas de troubles, car les habitans de chaque ville étaient autrefois presque toujours en guerre; aujourd'hui même, ils ont encore de fréquentes querelles entre eux. Les deux villes sont entourées de jardins et de bosquets de dattiers, également terminés par un mur circulaire. Toutes les rues sont couvertes, ce qui les rend si obscures, qu'au coucher du soleil il est impossible de trouver son chemin sans avoir une lampe à la main. Les maisons n'ont qu'un étage, sont en terre et bien construites. Les habitans sont Arabes. Ceux d'une ville voient rarement ceux de l'autre; ils sont aussi étrangers les uns aux autres, que s'ils vivaient à plusieurs milles de distance. Il n'existe entre eux ni alliance, ni aucun commerce de civilité; si un habitant de l'une entre dans l'autre, il en sort rarement sans avoir été insulté. Ces deux villes réunies se nomment Ghadams; mais l'une porte le nom Beni Oualid, et l'autre celui de Beni Ouazid. Dans cette dernière, il y a une source qui fournit assez d'eau pour les deux villes et pour leurs jardins. Il en part cinq canaux par où l'eau se distribue dans une proportion déterminée pour les besoins des quartiers qu'ils traversent. Quand elle a coulé dans un canal pendant un temps fixé, l'entrée en est bouchée, et on la fait passer dans un autre. Chaque ville a ses préposés pour surveiller cette distribution. On dit que l'eau en est tiède, et n'est nullement salée. Un de ces canaux traverse la mosquée. Le minaret est si élevé, qu'on peut le voir à une journée de distance. L'on y a pratiqué plusieurs petites chambres pour ceux qui veulent se baigner en faisant leurs ablutions. Chaque ville est gouvernée par un cheikh, et les deux cheikhs sont sous les ordres d'un kaïd nommé par le pacha. Il ne s'y trouve aucune manufacture, mais, grâce au grand nombre de marchands qui passent par Ghadams, on n'y manque de rien. On prend beaucoup d'autruches dans le désert, qui en est voisin, et l'on fait avec Tripoli un commerce considérable de plumes de ces oiseaux. Dans les jardins de Beni Ouazid, un quartier particulier est occupé par une tribu arabe, nommée Oulad Belail. De Ghadams à Iddri, dans le Ouaday de Chirghi, qui fait partie du Fezzan, on compte huit journées, et vingt petites journées ou quinze journées d'été jusqu'à Ghraat.

CHAPITRE VI.

Commerce dans l'intérieur de l'Afrique. — Craintes de Mekni. — Il envoie des présens au pacha. — Visite nocturne rendue aux voyageurs. — Culture des jardins. — Costume des habitans de Mourzouk. — Danses. — Parure des enfans du sultan. — Construction d'un carosse pour Mekni. — Générosité d'Youssuf el Lizari. — Reptiles. — Éducation. — Revenus du sultan. — Maladie et mort de M. Ritchie. — L'auteur se dispose à partir pour le sud du Fezzan.

Il serait fastidieux de faire l'énumération détaillée de tous les objets qui servent au commerce d'échange dans l'intérieur de l'Afrique septentrionale. Nous nous bornerons à parler de ceux qui donneront lieu à quelques observations.

Les chevaux sont recherchés en proportion de leur hauteur et de la longueur de leurs jambes. Ceux qui les marchandent examinent soigneusement leurs dents; mais ils savent tout au plus distinguer un poulain d'un cheval. Le prix d'un cheval équivaut à celui de douze à quinze négresses.

Il est bon d'observer à ce sujet que les nègres ne valent que le tiers, ou tout au plus la moitié du prix d'une négresse.

On apporte du Soudan dans le Fezzan la civette, qu'on se procure, en irritant vivement les animaux qui donnent cette substance odorante. On les tient en cage à cet effet; le parfum se secrète dans une poche que la civette a sous la queue. On l'y recueille avec une cuiller, en tenant l'animal par la queue. Ce parfum se conserve dans de petites boîtes de cuir. En trois opérations semblables, une vieille civette donne un produit de dix à douze piastres. Le prix d'une civette est excessif; on les vend quelquefois trois à quatre esclaves.

On apporte aussi de l'intérieur des espèces de noix, nommées *gour*, *gourou* ou *kolla*. Elles sont enveloppées dans une feuille qui conserve sa fraîcheur pendant plusieurs jours : si on les trempe dans l'eau de temps en temps, les noix restent des mois entiers sans se sécher. Elles ont une amertume agréable ; l'eau qu'on boit, après en avoir mangé, a la saveur d'un artichaud. C'est un objet de luxe : à Mourzouk, on en vend quatre pour une piastre. Elles sont de la grosseur d'une noix, et de la forme d'une grosse fève. On dit que, dans certaines années, où la récolte de ces noix avait été mauvaise, on les payait, dans le Soudan, un esclave la pièce. On les recueille dans le Dagomba, l'Achantie, et dans d'autres pays, à l'ouest de Tombouctou. Je présume que c'est la noix que Mungo-Park appelle kolla. Quand elle est sèche, elle perd une grande partie de son amertume, et n'est plus aussi estimée. Elle ressemble alors à une châtaigne sèche, et s'appelle kaouda. On en offre à ceux qui viennent en visite, comme on présente du café sur les côtes de Barbarie : bien des gens appellent ces noix *le café des nègres*.

Le Bornou fournissait autrefois une grande quantité de peaux de lions. Aujourd'hui, le sultan de ce pays les achète toutes pour en faire des lits pour ses négresses. On croit qu'une femme qui couche sur une peau de lion ne conçoit jamais, et le sultan, ayant déjà une famille très-considérable, désire ne pas augmenter le nombre de ses enfans.

Dans le mois de septembre, le bruit se répandit à Mourzouk que le pacha avait l'intention de déposer Mekni, de le remplacer par un autre sultan ; on ajoutait qu'il voulait tirer du Fezzan un tribut plus considérable que celui qu'il en avait reçu jusqu'à présent. Ce bruit, confirmé par une ou deux lettres particulières, alarma tellement Mekni, qu'il en tomba malade et garda le lit. Il commença, pour la première fois de sa vie, à prier aux heures ordonnées par la loi ; il cessa de jurer, parla du paradis et des vanités de ce bas monde. M. Ritchie, qui avait toujours été très-faible depuis sa maladie, et qui était menacé d'une rechute, lui fit de fréquentes visites. Il réussit à le guérir. Il se vengeait ainsi, par de bons procédés envers Mekni, des mauvais traitemens que nous en avions reçus. Nous allions tous deux fréquemment au château; nous apprîmes que certains discours de Mekni étaient parvenus aux oreilles du pacha, et qu'il s'attendait à voir arriver des émissaires chargés de l'étrangler, et de s'emparer de tous ses biens. La crainte produisit son effet accoutumé sur l'ame de cet orgueilleux tyran. Il se tenait constamment dans une chambre sombre, entouré de ses négresses; il ne voulait voir que peu de monde, parlait toujours à voix basse, et par sa frayeur trahissait tous ses secrets.

Tel était l'état des choses lorsqu'il prit le parti d'envoyer à Tripoli l'homme qu'il regardait comme son bras droit, Aboubekerabou Khalloum. Il le chargea de négocier sa paix avec le pacha, auquel il envoya force présens. Nous apprîmes qu'il n'en faisait pas moins en secret des préparatifs pour s'enfuir: on ferrait ses chevaux pendant la nuit; ses négresses n'étaient occupées qu'à moudre du grain, comme s'il eût voulu faire des provisions pour un long voyage. Nous savions que s'il prenait le parti de fuir, il ne partirait pas les mains vides. L'on supposait généralement qu'il se vengerait d'abord des mameloucks, qu'il soupçonnait d'avoir informé le pacha de ses méfaits, et qu'ensuite il s'emparerait des marchandises qu'il nous avait empêché de vendre. Nos amis, Youssuf et Hadgi Mahmoud, vinrent nous trouver en secret plusieurs nuits de suite, pour consulter avec nous sur le danger commun. Nous apprîmes avec quelque satisfaction que tous les mameloucks, au nombre de dix, avaient résolu de se réunir dans notre maison en cas d'événement, et comme nous avions plus d'armes et de munitions que le sultan, nous aurions été en état de soutenir un siége s'il nous eût attaqué.

Cependant Mekni continuait à nous prodiguer des démonstrations d'amitié; elles semblaient même redoubler de vivacité. Il venait nous voir assez fréquemment, s'amusait à tirer au blanc avec nous; nous cherchions à le convaincre que nous savions mieux ajuster que lui.

Une nuit, M. Ritchie vit un homme passer la tête par l'ouverture du toit de notre chambre. Il m'appela aussitôt; j'appelai à mon tour tous nos voisins; en un instant tout le monde fut sur pied. Nous montâmes sur le toit, mais nous n'y trouvâmes personne. Cependant, comme les toits sont couverts d'un mélange de terre et de sable qui conserve les traces des pieds, nous y trouvâmes des vestiges qui prouvaient évidemment que quelqu'un y était venu. Mekni, à qui nous en parlâmes le lendemain, prétendit que M. Ritchie était dans le délire, quand il avait cru voir un homme, et rit beaucoup de sa frayeur. Hadgi-Mahmoud chercha à nous persuader que c'était Iblis qui hantait notre maison, parce qu'un homme y avait été assassiné. Cependant les traces des pieds l'embarrassèrent un peu ; il nous engagea à faire venir un marabout qui, en flairant ces traces, et en récitant quelques prières, découvrirait quel était celui qui nous avait rendu cette visite nocturne. Quant à nous, nous ne doutâmes pas que ce ne fût un espion du sultan.

Je laisse Mekni enfermé dans son château, pour dire quelques mots de Chorzout et de ses habitans. Lorsque notre santé le permettait, nous allions souvent dans ce qu'on appelle les jardins, pour y tirer des pigeons sauvages, qui d'abord avaient été assez nombreux, mais qui commençaient alors à émigrer vers le sud. Ces excursions nous facilitèrent les moyens d'examiner la manière dont on cultive la terre. Comme il ne pleut jamais dans ce pays, et que la rosée y est inconnue, il est indispensable d'arroser. Les puits, qui ressemblent plutôt à un étang qu'à un puits d'Europe, ont ordinairement vingt à trente pieds de profondeur. L'eau, reposant sur un lit d'argile grisâtre, est généralement saumâtre, et a une mauvaise odeur. On emploie des ânes pour tirer l'eau, et on la fait entrer dans de petits canaux qui la portent dans les jardins, où les femmes et les enfans la jettent avec des pelles creuses partout où elle est nécessaire. Les jardiniers demeurent dans de petites huttes, construites en branches de palmiers hautes d'environ six pieds.

Quand les dattes sont sèches, on les enterre dans des trous carrés, creusés dans le sable, et on les couvre ensuite d'un lit de sable. On conserve le blé lié en petites bottes; lorsqu'on veut s'en servir, on le bat avec des bâtons de palmier ou bien on le fait fouler aux pieds par des ânes. Cette opération se fait sur un terrain bien battu et bien propre, ce qui n'empêche pas qu'il ne s'y mêle toujours du sable avec le grain. Des grenadiers et des figuiers forment un ombrage agréable près des puits. Les jardins sont en général de peu d'étendue; cependant on y trouve tous les fruits et tous les légumes du pays. Nous nous rendions tous les vendredis à la mosquée principale; nous trouvions même à propos de nous y montrer de temps en temps les autres jours. Une foule d'oisifs passe le temps sous le portique de la mosquée; ils causent des prix courans du marché, de leurs affaires particulières, et font à voix basse des réflexions sur la conduite du sultan.

Les habitans les plus distingués de Mourzouk portent le même costume que les Tripolitains. Les autres ont une grande chemise de toile de coton blanche ou bleue, à manches très-larges, des pantalons de même étoffe et des sandales de peau de chameau. Les chemises étant très-longues, bien des gens ne portent pas d'autre vêtement Dans les jardins, les hommes et les femmes portent des chapeaux de paille à larges bords, pour se garantir les yeux des ardeurs du soleil, et des sandales de feuilles et de fibres de palmier. Les jeunes enfans sont entièrement nus; quand ils sont grandis on leur met une chemise. Les hommes ont peu de barbe et la tiennent fort courte.

Le costume des femmes de Mourzouk est entièrement différent de celui des femmes maures; elles exhalent une odeur qui n'est rien moins qu'agréable. Les cheveux leur tombent jusqu'aux sourcils, et sont fortement enduits d'une huile grasse. Elles les couvrent ensuite d'une poudre nommée *atria*, compos ée de clous de girofle, des feuilles d'une plante ressemblant à la lavande sauvage, et de quelques autres herbes odoriférantes. Ce mélange forme une espèce de pâte, qui, grossie par la transpiration et les particules de sable volant, révolte, au bout de quelques jours, la vue aussi-bien que l'odorat. Les cheveux du derrière de la tête forment deux tresses qui tombent sur les épaules : pour les faire paraître plus longs, on y ajoute souvent de la laine noire ; l'on y suspend aussi des ornemens d'argent ou de corail. Un autre ornement en corail ou en verroterie pare le milieu du front. Chaque oreille porte le plus grand nombre d'anneaux qu'il est possible de faire passer dans le trou dont elles sont percées : on en compte quelquefois cinq ou six, le plus grand à cinq pouces de diamètre. Un mouchoir de laine attaché derrière la tête, est noué sous le menton par une bande de cuir. Le cou est orné de colliers de corail et de verroteries très-serrées. Le devant a souvent une large plaque d'or. Les femmes portent en général une chemise blanche ou bleue, dont le collet et la poitrine sont brodés à l'aiguille, ou bien une chemise de soie rayée, qu'on tire d'Égypte, et qui se nomme *chami*. Un dgerid et des pantoufles rouges complètent leur toilette.

Le dgerid des femmes est ordinairement d'une couleur plus foncée que celui des hommes. Les plus riches portent des pantalons qui ne sont pas plus larges que ceux d'Europe, et dont le bas est brodé en soie. Elles ont des colliers de cornaline et d'agate grossièrement taillées en forme de cœur. Tous leurs doigts sont chargés de bagues. Au tour de leurs poignets et au-dessus de leurs coudes brillent des cercles d'or, d'argent, d'ivoire, de corne ou de verre, suivant la fortune de celles qui les portent; elles en ont en argent, en cuivre ou en fer, au-dessus de la cheville. J'en ai vu une paire en argent qui pesait huit livres. Ces lourds ornemens produisent une callosité sur la jambe, et déforment entièrement la cheville.

Les hommes ne faisant pas usage d'huile pour leur toilette, sont un peu plus propres que les femmes; mais les deux sexes, sans aucune exception, depuis le sultan jusqu'au dernier de ses sujets, sont rongés de vermine, et ne se cachent pas pour la chercher. Quand on veut obtenir un meilleur prix d'une femme esclave, on a soin d'annoncer qu'elle est habile à cette chasse.

Vers le 20 septembre, M. Ritchie retomba malade, et fut obligé de garder le lit. Belford était mieux portant, mais complètement sourd. Nous louâmes une femme à raison d'une piastre par mois, pour nous servir, c'est-à-dire pour venir une fois par jour cuire notre pain, et préparer notre couscousson; car nous étions réduits à la ration. Quand elle nous en volait la moitié, nous jeûnions jusqu'au lendemain. Au milieu de tous nos embarras, je tâchais de conserver ma gaieté. Le soir, quand M. Ritchie s'était endormi, j'accompagnais quelquefois Mahomet dans une société d'habitans du pays, avec lesquels je dansais et buvais le *bouza*. C'est une liqueur qui ressemble pour le goût à de mauvaise bière trouble : elle est composée d'eau, dans laquelle on a fait fermenter pendant une nuit des dattes et de la farine de goussoub ; elle est alors bonne à boire. On préfère la plus épaisse ; elle enivre très-promptement.

Nous gardions un profond secret sur ces réunions, car si l'on eût su que nous allions, Mahomet et moi, dans un endroit où l'on buvait une liqueur défendue, on nous aurait regardés comme de véritables kattirs. Ceux qui faisaient partie de ces assemblées appartenaient en général à la classe inférieure ; j'y ai cependant reconnu une fois le vieux cadi, homme très-religieux : il n'était rien moins que sobre. Je pensais qu'en fréquentant ainsi ces réunions, c'était un moyen de mieux connaître la langue et les usages du pays ; ce qui devait m'être très-utile, dans le cas où nous continuerions notre voyage vers le sud. Mahomet dansait comme les autres, ne manquait jamais de s'enivrer ; j'étais souvent la seule personne de la compagnie qui conservât la raison, de sorte que je pouvais faire des observations à mon aise. Ces parties se faisaient dans une cour, les portes fermées. Les femmes jouaient de l'erbab, et nous chantaient des chansons d'un genre plaintif et langoureux, mais pleines d'images poétiques. Dans le Fezza, les danses sont très-variées, quelques-unes sont particulières au pays. Les jeunes gens des deux sexes se rassemblent quelquefois vers le soir, et dansent tous ensemble sur le sable, au son du tambour, en gardant parfaitement la mesure. Les hommes ont à chaque main une espèce de tymbale de de fer dont ils se servent comme de castagnettes; en même temps, les deux sexes chantent en chœur. A un des temps de l'air, tous les danseurs, rangés en ligne, s'avancent, les bras étendus, comme s'ils voulaient prendre quelque chose. Ils s'arrêtent ensuite, se balancent sur le pied qui est en avant, puis font un demi-tour de chaque côté, et retournent en arrière. Enfin, ils décrivent, à pas lents, un cercle autour des musiciens qui occupent le centre, et qui dansent comme les autres.

Cette danse n'offre rien d'immodeste; la lenteur et la régularité des mouvemens la font paraître très-agréable.

Une autre danse s'exécute par les femmes seules. Elles forment un cercle autour des tambours, et de temps en temps chantent en chœur avec vivacité. Une d'elles s'avance vers les tambours, puis recule par deux ou trois fois ; et à un changement de mesure, court en arrière, et tombe par terre. Les autres femmes la reçoivent dans leurs bras, et, d'un seul mouvement, la remettent sur ses pieds. Elle fait encore une pirouette, reprend sa place dans le cercle, et sa voisine commence la même figure.

La danse dans les maisons n'est pas aussi agréable que celle qui a lieu en public, les danseurs des deux sexes semblent n'avoir d'autre but que de varier leurs attitudes indécentes.

Les hommes ont aussi plusieurs danses qui exigent de l'adresse et de l'agilité. Quelquefois chacun est armé d'un bâton, avec lequel il frappe, en tournant de chaque côté, les bâtons de ses deux voisins, et finit par sauter le plus haut qu'il lui est possible. Une autre danse est exécutée par des enfans ; ils ne sont accompagnés que par le son du tambour, mais ils chantent en chœur sur un ton particulier : *Il n'y a d'autre Dieu que Dieu !*

M. Ritchie avait, à la demande du sultan, fait un assez grand nombre de visites à ses enfans et à quelques-unes de ses négresses pendant leurs maladies. Lorsque sa maladie ne lui permit plus de sortir, je devins le médecin du château, ce qui me donna de fréquentes occasions d'observer l'intérieur de la famille de Mekni. Ses deux filles, l'une âgée de trois ans, l'autre de dix-huit mois, étaient à la lettre surchargées de bijous d'or. Elles avaient au cou de pesans colliers fabriqués à Tombouctou, et portaient au-dessus des poignets et des chevilles, des cercles d'or massif de deux pouces de largeur et d'un demi pouce d'épaisseur, dont le poids énorme leur avait déjà causé des callosités autour des bras et des jambes. Elles avaient des chemises de soie rayées, faites de rubans de diverses couleurs, cousus ensemble, et qui tombaient sur des pantalons de soie. Un gilet et un bonnet brodés complétaient ce pesant costume. On avait employé l'henné pour teindre en brun foncé leurs ongles, le bout de leurs doigts, la paume de leurs mains, et la plante de leurs pieds. La parure massive de ces pauvres petites filles m'avait causé autant de compassion que de surprise; celle du plus jeune de leurs frères, enfant de quatre ans, qui avait l'air stupide, était encore plus ridicule. Indépendamment d'ornemens semblables à ceux de ses sœurs, il était chargé d'une infinité d'amulettes de toute espèce, enchassées dans des bijous d'or. Tout son corps en était entouré, ils couvraient entièrement son bonnet.

Le costume de la cour du sultan est tout-à-fait tripolitain. Pour imiter le pacha, Mekni fait présent, de temps en temps, à ses principaux courtisans de quelque vêtement qu'il leur jette avec une dignité affectée, en leur disant : *Portez cela.* Celui qui reçoit cette marque de faveur, s'en revêt sur-le-champ, s'agenouille et baise la main du sultan. Je vis un jour le vieux cadi, homme très-gros, honoré ainsi d'un cafetan, qui lui était si étroit, que lorsqu'il y eut passé les bras, il lui fut impossible de les remuer.

Chaque fils du sultan a une troupe nombreuse d'esclaves qni le suivent partout où il va, sont tous à peu près du même âge que leur maître, et les compagnons de ses jeux : mais cet honneur leur coûte cher; s'il leur donne des coups, il faut qu'ils les reçoivent sans murmurer. La suite du plus jeune de ces princes formait un groupe fort plaisant. Le plus âgé de la troupe n'a guère que cinq ans. L'un porte le bornous de son maître, un autre tient un de ses souliers et marche à côté de celui qui porte l'autre. Les uns ont de beaux habits brodés, les autres sont presque nus, et n'ont pas même un bonnet sur la tête. Le cortége est terminé par un petit garçon qui chancelle sous le poids du fusil de son jeune maître, arme que l'on ne permet jamais de tirer.

On tire les moutons et les chèvres des montagnes des environs de Béniolid, qui sont à une distance de 400 milles. Ces animaux ont à traverser un désert, dans lequel, pendant cinq jours, ils ne trouvent ni eau ni pâturages. Une grande partie meurt en chemin, ce qui augmente le prix de ceux qui survivent. Quand ils arrivent, ce sont de véritables squelettes; on ne les vend que trois ou quatre piastres la pièce. Mais quand ils sont engraissés le prix s'en élève jusqu'à dix ou douze. Les poules ont presque disparu du pays; le sultan s'étant emparé, pour la consommation de sa famille, de toutes celles qu'il a pu trouver.

Les dattes forment la nourriture principale du peuple. Bien des gens passent des mois entiers sans pouvoir se procurer de farine. Quand ils en ont, ils en font une pâte qu'ils appellent *asida*, et qui est une espèce de basine. Leurs moulins sont de la même espèce que ceux des Arabes, et le frottement inévitable des meules est cause qu'il se mêle toujours du sable à la farine. Quiconque peut se procurer de la graisse et du piment en mêle une grande quantité à tous ses alimens. Un homme verse quelquefois une mesure de beurre sur la pâte destinée à son dîner. On apporte ce beurre des sirtes et des autres parties de la côte maritime; dans des outres de peau de chèvre: il est liquide comme de l'huile, et toujours rance; on en fait pourtant grand cas, il se vend fort cher. Les mêmes marchands apportent aussi du chehm ou de la graisse fondue et salée. L'huile vient de Béniolid, de Mesurata et des montagnes de Gharian. On nourrit de dattes tous les animaux. On donne le fruit aux chevaux et aux ânes, et les noyaux concassés aux chameaux, aux moutons et aux chèvres. On les fait briser par les femmes qui ne travaillent pas dans les jardins.

Le 1er octobre, on célébra une grande fête, nommée Aid el Kébir, en commémoration de la réunion des pèlerins à la Mecque, et des sacrifices qu'ils offrent dans le lieu saint. A cette occasion, tout chef de famille donne de la viande à ses femmes, à ses enfans et à ses esclaves; l'on regarde comme méritoire de tuer de ses propres mains l'animal qu'on a acheté. Le hasard voulut que le sultan songeât à nous en ce jour de fête; il nous envoya un agneau, marque de faveur à laquelle nous étions loin de nous attendre. M. Ritchie étant toujours très-faible, ce fut moi qui me chargeai de remplir les fonctions de boucher, conformément à l'étiquette. La viande était alors pour nous un mets si extraordinaire, que nous mangeâmes trop, et que le lendemain nous fûmes tous malades.

Tout bon musulman ne mange pas d'un animal qui n'a pas été égorgé d'une manière particulière, et *au nom de Dieu.* Mais en cette occasion, les plus scrupuleux se montrèrent très-disposés à accepter le mets que nous leur offrions : nul ne supposa que je n'eusse rempli les formalités nécessaires pour mettre sa conscience en repos. Cependant, à notre arrivée dans le pays, personne ne voulait manger des pigeons que nous tirions au vol, de crainte que nous n'eussions manqué à quelqu'une des cérémonies prescrites.

Avec le temps, le sultan se remit un peu de ses craintes ; sa santé s'étant rétablie, il donna beaucoup d'occupation à Belford, en le chargeant de réparer ses trois pièces d'artillerie de campagne, dont les roues et les affûts étaient hors de service. Ce ne fut pas sans peine que Belford fit entendre aux serruriers du pays la manière de forger les clous et les bandes de fer dont il avait besoin. Ce travail terminé, Mekni désira un carosse. Belford parvint à lui faire une espèce de charrette couverte, du genre de celles dont on se sert pour conduire des légumes au marché. Le sultan passait la journée à voir travailler Belford ; il devint d'une humeur charmante, nous envoya des dattes fraîches d'une espèce particulière que M. Ritchie aimait beaucoup, et poussa la générosité jusqu'à nous assigner, sur un million et demi de dattiers qui lui appartenaient, deux de ces arbres pour en tirer du vin. Beaucoup de Fezannais venaient nous demander si notre roi se servait d'une pareille voiture. Elle fut couverte d'un superbe drap écarlate, et peinte en vert. Mekni, pour témoigner sa satisfaction à Belford, lui fit présent de sept piastres que celui-ci nous apporta en triomphe, et qui nous empêchèrent de mourir de faim.

Plusieurs caravanes arrivèrent du Tibbou à la même époque, et j'eus la bonne fortune de vendre à un marchand de cette nation une selle pour huit piastres, et à un autre un cheval gris pour soixante et dix piastres. Il en paya vingt en espèces en emmenant le cheval, et donna une jeune négresse évaluée trente-deux. Elle avait treize ans; elle était née à Mandra, dans le Bornou. Je lui rendis la liberté avec toutes les formalités d'usage, mais il fut convenu qu'elle nous servirait tant que nous resterions dans le pays.

Nous économisâmes, autant qu'il était possible, la petite somme que nous possédions; mais elle reçut à l'instant même un échec assez considérable par l'acquittement des dettes que nous avions été obligés de contracter depuis trois mois. Nous fîmes une provision de blé pour nous assurer une ressource contre la faim; car nous avions souvent passé toute une journée sans rien manger.

M. Ritchie se trouvait alors un peu mieux, mais Belford et moi nous tombâmes malades en même temps. Je fus obligé de garder le lit pendant huit jours. Quand je pus me lever, j'avais l'air d'un véritable squelette : la maladie de Belford dura plus long-temps. Une vingtaine de marchands de Tripoli moururent à la même époque par suite du climat, de la mauvaise eau, et du manque de bonne nourriture.

Un soir, que nous étions tous trois assis sur notre natte, et plongés dans nos réflexions, notre ami Youssuf, le mamelouck, vint nous trouver : *Vous êtes mes amis*, nous dit-il. *Mekni se conduit envers vous comme envers nous tous. Il espère que vous mourrez, et qu'il pourra s'emparer de vos marchandises. Vous avez l'air triste, et vous ne dites rien. Avez-vous besoin d'argent?* M. Ritchie lui ayant avoué l'état de nos finances, *Je n'ai pas d'argent*, reprit-il, *mais j'en emprunterai pour vous. Combien vous faudrait-il?* — Une vingtaine de piastres, répondit M. Ritchie. Youssuf sortit sur-le-champ, et la même soirée, il nous apporta trente piastres. Cet acte de générosité était si inattendu, que nous ne pûmes d'abord faire à notre ami tous les remercîmens qu'il méritait. Grâce à ce secours inespéré, nous pûmes nous mieux nourrir : notre santé s'en trouva bien.

A cette époque de l'année, toutes les maisons sont infestées de scorpions; l'on aurait dit qu'ils avaient pour la nôtre une affection particulière. J'avais appris à Tripoli l'art de les prendre sans danger; c'est pourquoi je passais pour posséder un charme contre ces animaux malfaisans: toutefois j'en fus un jour piqué à la main droite. Je pris sur-le-champ une lancette, je me fendis la chair jusqu'à l'os, j'en suçai le sang, et M. Ritchie cautérisa ensuite la blessure. Je sentis pendant quelques heures une douleur assez vive; il me semblait que j'avais le côté droit paralysé. Cependant grâce aux précautions que j'avais prises, cette piqûre n'eut aucune suite. On a vu des enfans en mourir en trois jours.

On trouve dans les environs de Mourzouk un petit reptile, qu'on nomme *aselis*, ressemblant assez à un lézard; il s'enfouit dans le sable en un instant. Si, le tenant à la main, on le laisse tomber, il s'enfonce si perpendiculairement, qu'en remuant le sable, on est sûr de le retrouver. Quand on le tient étendu, son épine dorsale fait entendre un craquement; et les femmes croient religieusement qu'elles auront autant d'enfans que ce bruit se répète de fois. Aussi achètent-elles cet animal avec empressement.

On voit de petits serpens, nommés *el effa*, qui sont venimeux. Les araignées ne sont pas moins nombreuses que les scorpions; il y en a une espèce d'une grosseur énorme, et venimeuse. L'ouarral, grand lézard long de trente pouces, ne lâche jamais prise quand il mord quelque chose, à moins qu'on ne lui ouvre de force les mâchoires. Nous en vîmes un qui conserva entre ses dents un morceau de corde pendant quatre à cinq jours, et mourut en cet état. Ce reptile se sert de sa queue comme d'un fouet. Les Fezzanais craignent beaucoup d'en être frappés, parce qu'ils croient que quiconque en reçoit un coup ne peut jamais avoir d'enfans.

Toutes les maisons sont infestées de petites fourmis : ces insectes attaquaient tous les animaux que nous voulions conserver, et pénétraient jusque dans nos caisses. Ils s'introduisaient dans nos couvertures; leur morsure est douloureuse.

Les puces sont inconnues dans le Fezzan; les habitans qui n'ont jamais été sur les côtes de Barbarie n'en ont aucune idée. En revanche, les punaises sont très-communes. Il est assez extraordinaire qu'elles y portent le même nom qu'en Angleterre (1). On en trouve une espèce dans le sable, aux endroits où les caravanes ont coutume de s'arrêter. Elles s'attachent autour du

(1) *Bug*, prononcez *Bog*.

pied des chevaux, et les tourmentent à les rendre furieux.

J'eus plusieurs fois l'occasion de voir les fekhis et leurs écoliers assis sur le sable. Pour apprendre aux enfans à connaître leurs lettres, on les trace sur une planche de bois dur qu'on tire du Bornou et du Soudan ; les enfans les répètent après que le maître les a prononcées. Quand ils connaissent bien leur alphabet, on leur fait écrire les lettres préalablement tracées ; on leur dicte ensuite de courtes phrases.

Le fekhi récite souvent des versets du coran, ses élèves les répètent quand ils commencent à savoir lire ; il chante les phrases, et les enfans les suivent d'après leur livre aussi vite qu'ils peuvent : l'exercice finit par les rendre habiles, et en trois ou quatre ans leur éducation est regardée comme complète. Ainsi, beaucoup de Fezzanais peuvent lire le coran avec une grande rapidité, sans être en état de déchiffrer une ligne d'un autre livre. Il n'est pas question d'arithmétique. Le prix de cette instruction est en général de deux petites mesures de blé par mois, ou d'une piastre par an. Indépendamment de cette rétribution, quand un enfant a fini ses études, ses parens, s'ils en ont le moyen, offrent au maître quelques piastres ou quelques vêtemens. Dans le cas contraire, ils lui donnent quelque chose à manger, et lui adressent la salutation ordinaire : *Allah iebarek* (que Dieu vous soit propice) ! Les études de chaque jour se terminent par une prière que récitent en commun le maître et les écoliers. Il n'y a pas d'heures régulières pour l'étude ; on étudie quand le fekhi n'a rien de mieux à faire : en général, c'est le matin de bonne heure ou pendant la soirée. Les punitions sont des coups de bâton sur les mains et sur la plante des pieds ; la coutume anglaise du fouet est également adoptée. Des roseaux tiennent lieu de plumes. Quand les enfans apprennent leur leçon, et quelquefois chacun en a une différente, tous lisent tout haut, en même temps, et l'on peut juger de l'harmonie qui en résulte.

Autrefois, à certain jour fixé, les enfans, dont l'éducation était terminée, montaient à cheval, et, couverts des plus beaux habits que leurs parens pouvaient leur procurer, ils s'assemblaient sur les sables à l'occident de la ville. Le fekhi, placé sur une éminence, tenait en main un petit drapeau roulé autour d'un bâton. Les jeunes gens étaient rangés à quelque distance, et, à l'instant où il déployait le drapeau, ils partaient à toutes brides. Celui qui arrivait le premier, et qui saisissait le drapeau, recevait du sultan un assortiment complet de beaux habits, et rentrait dans la ville à la tête des autres. Cette petite fête n'a plus lieu depuis que Mekni a usurpé le trône ; les parens se plaignent que leurs enfans n'ont plus d'objet d'émulation.

Les revenus du sultan du Fezzan proviennent des droits qu'il perçoit sur les esclaves, les marchandises et les dattes. Chaque esclave, quel que soit son âge, paie deux piastres fortes de droit d'entrée : le nombre s'en élève quelquefois à 4,000. Un chameau chargé d'huile ou de beurre paie sept piastres ; une charge de verroterie, d'ustensiles de cuivre ou d'autres métaux, quatre piastres ; une charge d'étoffes, trois piastres. Tous les Arabes qui achètent des dattes paient une piastre par charge, avant de pouvoir l'enlever, taxe qui égale quelquefois leur valeur intrinsèque. On en vend tous les ans plus de 3,000 charges. Les dattiers, à l'exception de ceux qui appartiennent au cadi ou aux mameloucks, sont taxés à une piastre pour 200 pieds; ce qui, dans les villages des environs de Mourzouk, produit 10,000 piastres par an. Le sultan perçoit le cinquième des agneaux et des chevreaux qui naissent dans l'année. Indépendamment du droit que paient les esclaves à leur arrivée, le sultan en reçoit un autre d'une piastre et demie par tête, quand on les vend ; comme il s'en vend quatre mille par an, le produit est de 6,000 piastres. Les dattiers qui lui appartiennent produisent 6,000 charges de fruits, dont la valeur, année commune, est de 18,000 piatres. Chaque jardin paie au sultan le dixième de sa récolte, et chaque ville un tribut, peu considérable à la vérité, mais dont on peut porter la somme totale à 4,000 piastres. Ajoutons les présens qu'on lui fait, les amendes, le produit de ses excursions annuelles : le quart des esclaves et des chevaux doit lui appartenir. Il a seul le droit de vendre des chevaux. Il les achète cinq à six piastres aux marchands arabes, quand ils arrivent à demi affamés, et fait un profit immense en les échangeant contre des esclaves. Tous les gens de sa suite sont nourris aux dépens du public, il n'a d'autre dépense à sa charge que le tribut du pacha de Tripoli, tribut qui n'avait été que de 15,000 piastres par an, jusqu'à leur dernière querelle. Indépendamment de ces revenus fixes, il a d'autres moyens d'extorquer de l'argent. Si un homme meurt sans enfans, le sultan hérite de la majeure partie de ses biens; s'il juge à propos de faire périr quelqu'un, il est son héritier universel.

Je fis avec Mahomet, le mamelouck, une excursion jusqu'à Tessouva, petite ville à vingt milles à l'ouest de Mourzouk. Sa population ne s'élève qu'à 300 ames. On y voit les ruines d'un vieux château arabe, construit en terre. Cette ville est séparée de la capitale par une plaine de sable. Les dattiers y sont rares.

Le 8 novembre, M. Ritchie eut une rechute, le lendemain, je tombai malade. Belford, quoique mal portant, partagea ses soins entre nous deux : notre jeune négresse nous fut très-utile en cette circonstance. Le quatrième jour, je fus en état de me lever; au contraire, l'état de M. Ritchie semblait empirer tous les jours; il avait un délire presque continuel.

Dans un de ces intervalles lucides, il me demanda s'il était arrivé quelques nouvelles annonçant un envoi d'argent d'Angleterre. Je fus obligé de lui répondre négativement : il ne fit aucune réflexion. Il refusait de boire du thé; il préférait l'eau et le vinaigre, seul acide que nous eussions à notre diposition. Comme il n'éprouvait aucune douleur, il se flattait qu'en peu de jours il guérirait, surtout en observant qu'il n'était pas maigri; il semblait, au contraire, être plus gras qu'avant sa maladie. Le 17, il se trouva assez bien pour se lever. Nous l'habillâmes, et nous le plaçâmes sur une natte au milieu de la chambre. Il nous remercia, et témoigna le desir de prendre un peu de café. J'hésitai quelque temps à le satisfaire, parce que je craignais que le café ne lui fît du mal; mais il insista tellement, que je fus obligé de lui en donner. Il examina ensuite sa langue dans un miroir, et parut effrayé de la voir si noire, mais il se rassura, en se rappellant qu'il venait de boire du café. Comme il se plaignit de la châleur de la chambre où il couchait, nous fîmes son lit sur une natte. Dans la soirée, quelques mameloucks vinrent nous voir; il leur dit quelques mots, et s'endormit. Je veillai quelque temps près de lui: voyant qu'il dormait paisiblement, je me couchai à mon tour. Le lendemain, je le trouvai étendu sur le sable où il avait roulé dans un accès de délire. Nous le reportâmes dans sa chambre. Il ne parut pas plus mal que la veille.

Le 20, nous achetâmes une poule, et nous en fîmes du bouillon que nous lui donnâmes. C'était la seule substance nourrissante qu'il eût prise depuis dix jours : il nous dit qu'il se sentait fortifié, et se retourna pour dormir. Je plaçai mon lit à l'entrée de sa chambre, afin d'être à portée de lui donner des secours. Il semblait respirer avec difficulté : mais comme j'avais remarqué le même symptôme dans ses précédentes maladies, je n'en fus pas très-alarmé. Vers neuf heures du soir, Belfort, l'ayant regardé, s'écria : *il se meurt!* Je lui dis de parler plus bas, de crainte que le malade ne l'entendît. Je m'approchai de M. Ritchie, il me sembla qu'il dormait paisiblement. Je me remis sur mon lit ; et m'étant levé de nouveau à dix heures, je trouvai que M. Ritchie respirait plus librement ; et cependant, cinq minutes après, il était expiré sans pousser un gémissement ni un soupir.

Belford et moi nous nous regardâmes mutuellement, persuadés que, dans notre état de faiblesse, nous suivrions bientôt l'ami que nous regrettions. Au point du jour, je sortis, et j'allai informer Youssuf et Hadgi Mahmoud du malheur qui venait d'arriver. Ils y parurent fort sensibles, et nous offrirent tous les secours qu'ils pouvaient nous donner. Belford exécuta la douloureuse et pénible tâche de faire un cercueil avec une de nos caisses. Les gens qui font métier de laver les corps, de les parfumer, et de les frotter avec du camphre, vinrent remplir leur triste office : quant aux femmes qui poussent des hurlemens à la mort de ceux dont les parens sont en état de les payer, je les chassai lorsqu'elles se présentèrent. Je m'absentai un moment, et plusieurs de nos effets disparurent. Je vis clairement qu'on nous regardait comme des gens qu'il est permis de piller. Je louai des hommes pour porter le cercueil, un d'eux manqua de parole, le pauvre Belford fut obligé de prendre sa place. Nous nous rendîmes au cimetière, accompagnés de nos amis les mameloucks. La terre, au-dessous du sable, était blanchâtre, ce qui passe pour un augure favorable; Belford et moi nous jetâmes, les premiers, de la terre sur le cercueil. Pendant la nuit, nous avions lu, secrètement près du corps, le service des morts suivant le rituel de l'église anglicane. Aux funérailles, nous récitâmes tout haut le premier chapitre du coran, que le chrétien le plus rigide regarderait comme une prière aussi belle que convenable, en pareille occasion.

Ayant ainsi rendu les derniers devoirs à notre malheureux ami, nous rentrâmes chez nous. L'usage nous obligeait de distribuer des vivres aux pauvres qui entouraient notre porte, en grand nombre, et nous n'avions pas de quoi en acheter pour nous-mêmes. La générosité du bon Youssuf nous tira encore d'embarras. Une heure après l'enterrement, un courrier, arrivé de Tripoli, nous apporta la nouvelle satisfaisante que le gouvernement anglais avait fait un nouveau fonds de mille livres sterling pour les dépenses de notre voyage.

J'allai annoncer au sultan la mort de M. Ritchie. Il poussa l'hypocrisie jusqu'à en montrer beaucoup de chagrin; cependant il savait bien qu'un peu de bonne volonté de sa part aurait peut-être sauvé la vie de notre compagnon, ou rendu sa fin moins pénible. Je l'informai de la nouvelle que je venais de recevoir, et le priai de me prêter de l'argent. Il me parla beaucoup de son amitié pour moi, mais appuya fortement sur sa pauvreté; il finit par dire qu'il pourrait peut-être m'avancer une petite somme, me rappelant, en même temps, que je lui devais déjà huit piastres. Je n'étais pas en ce moment en humeur de discuter avec ce misérable; je lui dis que jamais je ne réclamerais ses secours ni son amitié; qu'il n'avait montré que de l'ingratitude au pauvre M. Ritchie et à moi-même; que, d'après la loi de Mahomet, c'était le crime le plus noir dont on pût être coupable, et qu'il en serait puni tôt ou tard.

La vente du cheval de M. Ritchie, d'une centaine de livres de poudre et de quelques autres objets, me mit en état de payer toutes nos dettes. Il me resta environ 150 piastres, et je me mis à réfléchir à ma position. Je sentais la nécessité absolue de retourner bientôt en Angleterre pour recevoir des instructions sur ce que j'aurais à faire, dans le cas où je continuerais à être employé. Quoique je pusse tirer des fonds de Tripoli, il me fallait du temps pour les recevoir; et même j'étais obligé d'aller les toucher moi-même. Je n'avais personne à qui, pendant mon absence de Mourzouk, je pusse confier mes marchandises. Belford n'était pas assez bien portant pour en prendre soin, ni même pour rester seul en cette ville. D'ailleurs, mille liv. sterl. n'étaient pas une somme suffisante pour entreprendre un voyage dans l'intérieur de l'Afrique, car il fallait d'autres marchandises que celles dont j'avais un assortiment. La mauvaise santé de Belford l'empêchait de m'accompagner bien loin. Tenter seul une telle entreprise eût été un acte de folie, avant d'avoir pris les arrangemens pécuniaires, et reçu les instructions indispensables pour un pareil voyage. Tous ces motifs me déterminèrent, à mon grand regret, à ne faire qu'une courte excursion vers le sud.

J'examinai, en présence de Belford, les papiers de M. Ritchie; ils étaient fort peu nombreux. Depuis notre arrivée à Mourzouk, sa santé ne lui avait pas permis d'écrire, et comme il se fiait à sa mémoire qui était excellente, il n'avait jamais voulu accepter l'offre que je lui avais faite plusieurs fois, d'écrire ses observations sous sa dictée. Je fis apporter toutes les caisses de marchandises dans notre grande salle, et je les ouvris en présence de Belford, pour vérifier leur contenu; car M. Ritchie avait résolu de ne les ouvrir que quand nous serions dans le pays de Nègres. J'y trouvai environ six cents livres de plomb, beaucoup de liége pour conserver des insectes, et du papier brun pour conserver des plantes. Tous ces objets faisant cinq charges de chameau qui ne valaient pas les frais du transport à Tripoli, je les déposai, avec deux grandes caisses d'arsenic en bouteille, chez Youssuf qui m'en donna un reçu afin qu'on pût les réclamer. Les autres marchandises formaient la charge de huit chameaux; nous venions d'en terminer la liste, quand nous fûmes encore attaqués de la fièvre; elle ne nous quitta que vers le 8 décembre.

On apprit à cette époque que l'excursion dans le Tibbou n'avait pas réussi. Les habitans en ayant été prévenus s'étaient tenus sur leurs gardes, et l'on n'avait fait que très-peu d'esclaves.

Avant de prendre congé de Mourzouk et de Tripoli, je dois dire qu'il ne nous aurait pas suffi d'adopter le costume des Maures pour être à l'abri des insultes dans ces deux villes, et surtout dans l'intérieur de l'Afrique. Toutes les fois que nous séjournions dans une ville, ou que nous voyagions avec des étrangers, nous nous apercevions qu'il était indispensable de nous conformer à tous les devoirs extérieurs de la religion musulmane. Si nous avons éprouvé si peu d'obstacles dans notre marche, je l'attribue à cette précaution. Si nous nous étions ouvertement déclarés chrétiens, nous aurions rencontré beaucoup plus d'obstacles dans le Fezzan; et plus loin dans l'intérieur, nous aurions sans cesse couru risque de la vie. Nous convenions toujours que nous étions venus d'un pays chrétien : cette circonstance nous exposa souvent à des soupçons ; mais en assistant régulièrement aux prières, et à force de répéter, *Il n'y a d'autre Dieu que Dieu, et Mahomet est son prophète*, nous vînmes à bout de dissiper tous les doutes qu'on pouvait concevoir sur notre foi.

Je suis convaincu que personne ne réussira jamais à traverser l'Afrique, s'il ne se met en état, sous tous les rapports, de passer pour musulman. Si je retournais dans ce pays, je ne voudrais pas avoir pour compagnon un homme qui se refuserait à observer ces précautions. Un voyageur peut à la rigueur pénétrer jusque dans le Fezzan sans être découvert ; mais plus il avancera vers le sud, plus il trouvera les habitans superstitieux : une mort cruelle terminerait infailliblement son voyage.

CHAPITRE VII.

Départ pour Tedjerry. — Hadgi Halil. — Zaizou. — Sources de Traghan. — Château de cette ville. — Hamera. — Ruines près de Zouela. — Château de Zouela. — Terbou. — Catroune. — Fête du Miloud. — Femmes tibboues. — Leur costume. — Leurs danses. — Détails géographiques. — Moutons. — Instrumens de musique. — El Bakkhi. — Medrousa. — Manière de faire le goudron. — Arrivée à Tedjerry.

Le 9 décembre, nous commençâmes nos préparatifs de voyage. Après avoir mis en caisse tous nos effets, nous les déposâmes chez Hadgi Mahmoud qui nous promit d'en prendre soin. J'achetai un beau chameau qui avait sept pieds six pouces anglais de hauteur, et pouvait porter cinq cent livres pesant. Ma santé n'était pas très-bonne; mais j'avais résolu de ne pas quitter le Fezzan sans en avoir vu les provinces du sud et de l'est : Belford, consentit à me suivre. Youssuf nous prêta un jeune nègre, qui devait nous servir de domestique.

Nous partîmes le 14, ayant plutôt l'air de deux hommes qui marchent vers le tombeau, que de voyageurs qui sont à la recherche de pays inconnus. Nous avions obtenu du sultan un *teskera* ordonnant à tous les villages par où nous passerions de nous fournir des vivres, pour nous et nos animaux. J'étais aussi porteur d'un ordre qui enjoignait au kaïd de Zaizou de nous accompagner. Après avoir traversé une plaine sablonneuse, nous arrivâmes à un petit village situé dans les jardins d'Hadgi Hadril, où nous trouvâmes notre ami Mohamet occupé à mesurer et à enterrer les dattes du sultan. Il quitta sa besogne, nous emmena dans la cabane où il demeurait, et nous régala de vin de palmier et d'une couple de volailles. Dans la soirée, il fit venir des musiciens qui nous étourdirent, tandis que les femmes du village, pour nous faire honneur, dansaient devant nous en chantant, et en frappant sur des pots d'étain. Ce village, nommé Hadgi Hadril, compte environ deux cent cinquante habitans. C'est celui que Horneman appelle Sidi Beschir, nom d'un saint dont le tombeau est situe à un mille de distance. Nous le visitâmes le lendemain, accompagnés de Mohamet qui voulut nous conduire jusqu'à Zaizou. Ce tombeau n'est autre chose qu'une hutte bâtie en terre, dont la façade est blanchie, et dont le toit est couvert de branches de palmier. Nous y récitâmes le fatah (le premier chapitre du coran).

Nous arrivâmes à dix heures et demie au petit village de Zaizou dont la population n'est plus que d'environ soixante et dix habitans, et dont la plupart des maisons tombent en ruines. Nous trouvâmes le kaïd Saad assis sur le sable à sa porte, et faisant une paire de pantoufles de femmes en cuir rouge. Dès qu'il eut vu l'ordre du sultan, il se leva avec empressement, reporta son ouvrage dans sa cabane, et vint nous retrouver, bien vêtu, et le sabre suspendu à l'épaule. C'était un nègre de bonne mine, bien gras, et bien frotté d'huile; il avait l'air d'un gaillard de bon appétit; il ne tarda pas à nous en donner des preuves.

A trois heures un quart nous arrivâmes à un village nommé Disa. Ensuite nous marchâmes pendant une heure sur un terrain bas, tellement couvert d'efflorescences salines qu'on aurait cru voir une gelée blanche. A cinq heures nous entrâmes dans les plantations de dattiers et dans les jardins de Traghan. Ces jardins nous parurent mieux cultivés que tout ce que nous avions vu jusqu'alors. La ville est séparée des jardins, et située dans une plaine déserte. Nous descendîmes dans une maison d'Youssuf, qui nous l'avait offerte. Un marabout, le principal personnage de ce petit endroit, nous fit faire des excuses de ce qu'il n'était pas prêt à nous fournir des vivres. J'allai lui rendre visite le lendemain matin, et le trouvai assis sur un tertre en terre, entouré de gens qui écoutaient dans une admiration silencieuse les discours qu'il débitait d'un air de dignité. Il nous assura modestement que tous ses ancêtres avaient été marabouts, et aussi savans qu'il l'était lui-même.

J'allai visiter ensuite les sources des jardins; comme j'étais étranger, et que ces sources font l'orgueil du Fezzan, chacun quitta son ouvrage pour me suivre afin de jouir de la surprise et de l'admiration que cette vue devait me causer. Ces sources consistent en quatre mares d'eau couverte d'un corps verdâtre; chacune peut avoir trente à quarante pieds de diamètre; elles sont remplies de grenouilles. J'en goûtai l'eau qui est un peu saumâtre; c'est pourquoi les jardins qu'elle sert à arroser sont couverts de sel blanc comme ceux pour lesquels on emploie l'eau des puits. Une grande quantité d'oiseaux inconnus, ressemblant à des grives, mais ayant la queue plus longue, voltigeaient autour de nous.

En rentrant dans la ville, je remarquai que les murs et les maisons avaient une teinte verdâtre, et je m'aperçus bientôt que dans tous les environs la terre avait la même couleur. J'en pris des échantillons. Ce lieu paraît avoir été autrefois de quelque importance : maintenant il est presque ruiné; je ne crois pas qu'il renferme plus de six cents habitans.

Le 17, nous visitâmes les ruines du château. Le marabout nous assura qu'il avait été bâti avant Mourzouk; en ce cas, il aurait environ six cents ans d'antiquité. Il y a soixante ans, il était habité par un frère du sultan, qui gouvernait les provinces situées à l'est, et portait le titre de *sultan el chirghi* (sultan de l'Orient). Les habitans pensent que le blé croît mieux dans une terre imprégnée de sel que dans toute autre; l'aspect des moissons de ce pays me ferait partager cette opinion. Après avoir fait sept milles à l'est-sud-est, nous trouvâmes un village nommé Zaitoim; comme il n'était composé que de quelques misérables huttes, nous dressâmes notre tente au milieu d'une petite caravane composée du kaïd de Traghan et de quelques cavaliers, qui conduisaient des esclaves et des moutons. Saad, qui n'oubliait jamais le dîner, eut soin d'apprendre aux habitans que nous étions de grands personnages, amis du sultan. Aussitôt on fit main-basse sur tous les malheureux poulets que l'on put trouver, et l'on nous en servit une demi-douzaine une heure après notre arrivée. Le kaïd fut fort mécontent que je les eusse payés, prétendant que c'était gâter le peuple, et lui faire prendre de mauvaises habitudes.

Nous cheminâmes pendant toute la journée du 18 dans une plaine couverte de monticules de sable ; nous rencontrions souvent un misérable hameau, près duquel se trouvait ordinairement une petite plantation de palmiers. A cinq heures du soir nous arrivâmes à Hamera, où nous devions loger dans une maison appartenant au sultan. C'était un bâtiment tombant en ruines, où il ne restait que deux chambres couvertes. L'on en chassa une demi-douzaine de femmes arabes à demi nues et un troupeau de moutons, pour nous faire place. Je me trouvai le lendemain tellement incommodé, que je fus obligé de garder le lit, ce qui ne m'empêcha pas de recevoir la visite d'un grand nombre de curieux. Le 20 dans la matinée le cheikh m'amena deux de ses femmes, qui voulaient me consulter sur leur santé. La première avait mal aux yeux et à la tête ; je lui indiquai un remède. La maladie de l'autre était incurable, car elle prétendait être enceinte depuis trois ans. Elle fut pourtant fort courroucée quand je lui eus annoncé que je ne connaissais pas de remède à ce mal. C'est un subterfuge auquel les femmes de ce pays ont quelquefois recours, pour empêcher leurs maris de les répudier pour cause de stérilité.

Le 20 nous voyageâmes, ayant le désert à gauche et des collines de sable à droite ; nous arrivâmes dans la soirée à Zouela, ville entourée de murs, mais remplie de ruines : on nous logea pourtant dans une fort bonne maison, où les principaux habitans nous apportèrent des provisions de toute espèce. Saad ne manquait pas d'adresser un compliment à chacun de ceux qui nous faisaient cette offrande. Dès le premier jour, je reçus un grand nombre de visites. Ma boussole et mes allumettes phosphoriques excitèrent des transports d'admiration, et un vénérable chérif nommé Mohammet el Dthaby étant arrivé un peu trop tard, je fus obligé de donner une seconde représentation, qui le flatta beaucoup. Il me fit de grands complimens sur le bon sens que j'avais montré en embrassant la foi musulmane, et m'engagea à me trouver à la grande mosquée le vendredi suivant. Il me conta des choses merveilleuses d'un oiseau fort extraordinaire qu'il avait rapporté d'Égypte. Il me le peignit comme ayant le plumage presque entièrement blanc, la démarche imposante et pleine de dignité, et environ un pied et demi de hauteur. Il possédait le mâle et la femelle, et celle-ci chantait presque aussi bien que le premier. Il m'apporta une omelette faite avec cinq œufs de cet oiseau : j'aurais cru qu'il y était entré une vingtaine d'œufs de poules.

Il sortit pour aller chercher cet oiseau inconnu, et une foule nombreuse s'amassa pour jouir de ma surprise et de mon admiration. Il revint enfin, demanda qu'on lui fit place, s'avança vers moi d'un air d'importance, et, ouvrant son *abba,* en fit sortir une oie, qui se mit à marcher avec l'air de gravité qu'on connaît à cet oiseau, tandis qu'au grand étonnement de la compagnie, je pensai tomber à la renverse en éclatant de rire.

Les habitans de Zouela sont presque tous blancs, et, comme ils ont la prétention de descendre du prophète, ils ont grand soin de ne pas contracter d'alliances avec d'autres tribus.

Le 23 j'allai voir des ruines extraordinaires, sur lesquelles les commentateurs du voyage de Horneman ont tant disserté. Ce voyageur n'en avait pourtant entendu parler que comme de misérables édifices en terre, construits par les Arabes. Celui que les chérifs admirent le plus, est une mosquée située à un demi-mille à l'ouest de la ville. C'est un grand bâtiment de forme oblongue, qui doit être très-ancien, quoique de construction arabe. Ses murs ont été bâtis avec un art inconnu aujourd'hui, en briques crues, jointes avec de l'argile. A l'angle du nord-ouest s'élevait un minaret, qui est détruit en partie; cependant il est encore assez haut pour que l'on y découvre tout le pays environnant. La longueur intérieure de cet édifice est de cent trente-cinq pieds anglais, et sa largeur est de quatre-vingt-dix, dimensions immenses pour un bâtiment arabe qui n'a pas de murs intérieurs pour soutenir le toit; il n'en a d'autre maintenant que le ciel, et il n'y reste rien qui puisse donner une idée de ce qui le couvrait autrefois.

Nous allâmes ensuite dans un endroit situé à un demi-mille à l'est de la ville pour voir cinq bâtimens, qui nous parurent beaucoup plus intéressans. Ils sont placés sur la même ligne, et séparés l'un de l'autre par un passage de trois à quatre pieds de largeur : ils sont carrés; leur diamètre est de vingt pieds, sur une hauteur d'environ trente pieds. Ils se terminent en dôme, et ont deux fenêtres, l'une très-basse, près du sol; l'autre, haute et étroite à environ dix pieds au-dessus. Les murs sont d'argile et de briques cuites au soleil, qui ont acquis la dureté de la pierre. Ils étaient couverts jusqu'à la moitié de leur élévation, de grandes pierres plates brutes, de couleur rougeâtre, telles qu'on en trouve dans les montagnes voisines.

Ces édifices ne contiennent rien à l'intérieur, et paraissent n'avoir jamais eu ni planchers, ni cloisons. La petitesse des croisées inférieures me porte à croire qu'ils ont servi de sépulture aux premiers chérifs qui s'établirent dans cet endroit, il y a cinq ou six cents ans. Dans tous les cas, c'est leur destination actuelle ; chacun de ces bâtimens contient le tombeau d'un chérif, orné, suivant l'usage, de pots cassés, de morceaux de drap, et d'œufs d'autruches.

Ces tombeaux offrent des inscriptions sur lesquelles on a débité tant de contes : mais il n'en reste aujourd'hui que deux ; encore sont-elles sur le point de tomber.

Ces inscriptions ne sont pas sur la façade de ces bâtimens, elles occupent la partie supérieure des murs de côté : aussi est-il très-difficiles de les voir, le petit intervalle qui sépare les édifices ne permettant pas de se placer assez loin pour les bien examiner. L'inscription la moins bien conservée ne consiste qu'en une ou deux lignes, qui semblent être des caractères, dont il n'existe plus que le haut, tracés sur un espace revêtu d'un ciment blanc d'environ un pied carré. L'autre a deux pieds de longueur ; les lettres en sont alongées et paraissent arabes. Les chérifs me dirent que ces inscriptions furent tracées par les chrétiens peu de temps après le patriarche Noé. Ils ne se souvenaient pas d'en avoir vu d'autres. Comme je crus distinguer des caractères arabes, je fis asseoir mes amis sur le sable, et je les copiai successivement avec le doigt. Ils reconnurent aussitôt les caractères, mais ils me dirent que, croyant ces inscriptions l'ouvrage des chrétiens, ils ne s'étaient jamais donné la peine de chercher à les déchiffrer.

Ce fait paraît prouver que ces bâtimens sont de construction arabe. Au-dessous de ces caractères, on voit une petite corniche de la grandeur d'un coco, chargée de petits ornemens assez bien exécutés.

Un des habitans me dit qu'on avait trouvé des papiers et des parchemins dans une des maisons ruinées, situées dans les environs de la ville; mais personne ne put me dire, ni qui les avait trouvés, ni ce qu'ils étaient devenus.

A mon retour j'allai voir le château, ou pour mieux dire, ses ruines qui occupent un grand espace au centre de la ville. Je remarquai en quelques endroits que ses murs avaient plus de trente pieds d'épaisseur. C'est tout ce que ce château offre de remarquable. Il ne subsiste plus dans cette ville qu'un petit nombre de maisons en bon état; mais on peut encore juger qu'elle a dû autrefois être très-importante, et beaucoup mieux bâtie que la plupart des villes arabes. Les habitans me dirent que la porte de Zouela était en Égypte, ce qui me porte à croire que quelque ville de ce pays a donné le nom de Zouela à une de ses portes, et que les Arabes ont pris ce fait à la lettre. Les vieillards donnent à Zouela le nom de Zella.

Le vendredi 24, on vint m'annoncer que l'iman n'attendait plus que moi pour commencer la prière. Je me rendis, sur-le-champ, à la mosquée, où les chérifs étaient assemblés, et je remarquai que plusieurs examinaient, avec soin, la manière dont je m'acquittais des pratiques religieuses de l'islamisme. Après la prière, l'iman me fit voir la mosquée, il en paraissait très-fier; et ce n'était pas sans raison, car c'est certainement la plus belle que j'aie vue dans ce pays.

Comme j'avais un désert de trois journées à traverser, je louai un autre chameau pour porter une provision d'eau, et le kaïd Saad qui se piquait d'être bon cuisinier, se chargea de préparer un mouton, qui devait durer jusqu'à notre arrivée à Catroune. On retire toute la graisse d'un mouton, et on la fait fondre dans un grand pot. On coupe la viande en petit morceaux, on la jette, avec de l'ail, des oignons et du poivre rouge, dans la graisse bouillante, sans y ajouter d'eau; on met un couvercle sur le pot, on laisse cuire le tout trois ou quatre heures, puis on le verse dans une peau de chèvre. La viande ainsi apprêtée se conserve parfaitement quinze jours ou trois semaines, et les Arabes en font usage dans leurs voyages.

Le 25, je pris la hauteur méridienne du soleil, qui me donna 26° 11' 48" pour la latitude de Zouela.

Le 25, nous couchâmes à Terbou, village le plus misérable que j'eusse encore vu. L'eau y est aussi salée que celle de la mer; les habitans avaient l'air de squelettes. Ils étaient pourtant obligés de nous nourrir *gratis*, ainsi que nos montures. Je leur distribuai du grain: ils dirent que j'étais le premier voyageur porteur d'un teskera du sultan qui ne leur eût pas enlevé leurs provisions. Le lendemain, comme nous allions partir, le forgeron du village qui travaillait à notre porte, fut consulté par un Arabe qui paraissait souffrir d'une maladie de foie. Le forgeron lui répondit qu'il devait se faire faire trois brûlures longitudinales sur le dos avec un fer rouge. Touché de compassion pour ce malheureux, je lui dis de venir avec moi jusqu'à nos chameaux, lui promettant de lui donner un remède qui le guérirait sans le mettre à la torture; mais il refusa de m'accompagner, et je ne doute pas qu'il ne se soit soumis à l'opération indiquée par le docteur. Il paraissait l'avoir déjà subie plus d'une d'une fois, car il avait un côté de son corps entièrement couvert de cicatrices.

Les trois jours suivans, nous voyageâmes dans le désert: nous y vîmes des montagnes de basalte noir, et d'autres d'un schiste avec des veines d'un rouge pâle. Pendant notre halte du premier jour, je fus surpris de voir mon chameau écumer de la bouche en remuant les mâchoires avec activité. Un Arabe me dit qu'il mâchait des os. Effectivement je remarquai ensuite que toutes les fois qu'un chameau passait près d'un squelette, il ne manquait jamais de prendre quelques os les plus faciles à broyer, ce dont je ne m'étais pas aperçu jusqu'alors.

Le 29, nous trouvâmes à Ouadakaire de l'eau excellente, en comparaison de celle de Mourzouk, et à trois heures et demie, nous entrâmes dans la ville de Catroune. Elle est entourée de collines sablonneuses sur lesquelles sont construites les cabanes de palmier des Tibboux, qui paraissent former une classe à part, les habitans de la ville se piquant d'appartenir au Fezzan, quoique la langue du Bornou y soit parlée plus généralement que l'arabe.

Comme on célébrait dans la soirée la fête du miloud (la naissance de Mahomet), les jeunes filles tibboues s'étaient parées de leur mieux. Elles ont généralement la taille élégante; leurs vêtemens, tout différens de ceux des habitans du Fezzan, ne manquent pas de grâce. Elles ont le nez aquilin, les dents belles, et les lèvres comme celle des Européennes. Leurs yeux sont expressifs, et leur peau est d'un noir très-foncé. On est frappé de leur maintien et de leur démarche. Elles ont le pied et la jambe bien faits, et au lieu d'une masse énorme de cuivre ou de fer, elles ne portent qu'un cercle léger d'argent ou de cuivre, au-dessus de la cheville.

Leur coiffure offre peu de variété. Leurs cheveux sont aplatis de chaque côté, et tombent sur les joues en éventail ou en oreille de chien. Un morceau de cuir est attaché sur le haut de la tête, et traverse par vingt à trente anneaux d'argent entrelacés, qui se terminent, par derrière, par une plaque d'argent suspendue à quelques tresses de cheveux, et par devant, par un ornement composé de plusieurs anneaux d'argent.

Elles ont de chaque côté de la tête un ornement en agate grossièrement taillée et montée en or. Leur front est entouré d'un bandeau de corail, de cauris, ou d'agate, qui leur passe derrière les oreilles; leurs cheveux sont entrelacés de petites chaînes d'argent, auxquelles sont suspendus des grelots; ce qui produit un bruit assez agréable quand elles dansent. Leur cou est chargé de plusieurs colliers; elles arrangent leur vêtement de manière à laisser à découvert la partie supérieure d'un sein parfaitement formé. Leurs bras, nus jusqu'aux épaules, sont serrés au-dessus du coude par un cercle de la grosseur d'une plume d'oie, et au-dessus du poignet par un ou deux anneaux plus larges et plus aplatis. Trois ou quatre anneaux d'argent de différentes dimensions sont suspendus à leurs oreilles. Leur ornement le plus singulier est un morceau de corail rouge, qui passe dans la narine droite, et qui ne leur sied pas mal. Un grand schall de coton bleu, ou bleu et blanc, attaché sur leurs épaules, se croise sur la poitrine; il est plissé avec grâce, et laisse voir leur dos, leur sein et leur bras droit. Ce vêtement ne descend qu'à mi-jambe. Malgré ce costume léger, elles n'ont l'air ni indécent ni immodeste.

L'usage des jeunes filles, pendant la nuit du miloud, étant de parcourir toute la ville en dansant, j'entendis toute la soirée le son des instrumens de musique. A minuit, on m'appela pour me faire voir une danse qui s'exécutait devant notre porte. Les jeunes filles étaient conduites par une vieille femme, qui tenait une torche d'une main et une branche de palmier de l'autre; elle chantait des vers, que les jeunes filles répétaient. Trois hommes chantaient aussi en battant du tambour avec leurs mains, et réglaient par-là les figures de la danse. Les filles les plus grandes étaient au centre, et les plus petites formaient les deux ailes. Elles dansaient en décrivant un cercle autour de la vieille femme. Les spectateurs portaient des torches faites de feuilles de palmier, et chantaient par intervalle.

Le principal objet de la danse semblait consister pour les jeunes filles à agiter avec grâce, de droit à gauche, et en mesure, un léger schall passé sur leurs épaules, et dont elles tenaient les bouts de chaque main. Elles ne remuaient les pieds que pour faire de temps en temps un mouvement en avant et en arrière ; mais chaque changement de mesure était accompagné d'un mouvement de tête. A un signal donné, elles s'agenouillèrent toutes, en continuant à remuer la tête de la même manière, et en chantant leur couplet. Enfin les torches s'éteignirent tout à coup, et les jeunes danseuses disparurent pour aller exécuter la même danse dans une autre partie de la ville.

Les femmes tibboues ne se couvrent pas la figure comme les Arabes. Elles conservent plus long-temps que celles-ci un air de jeunesse. Elles sont plus propres, meilleures ménagères, et ont un soin tout particulier de leurs enfans, qui sont très-nombreux. Leur principale occupation paraît être de faire des paniers et des gamelles en feuilles de palmier, qu'elles ornent de cuir coloré, et qu'elles fabriquent avec beaucoup de goût et d'élégance. Tous les marchands du Fezzan qui vont à Catroune, ne manquent pas d'en rapporter pour leur famille. Les hommes sont d'une taille élancée, et leur agilité est passée en proverbe; on les surnomme souvent *les oiseaux*.

Les tribus de ce peuple qui habitent les parties

méridionales du Fezzan sont paisibles et tranquilles; mais celles de l'intérieur vivent de pillage, sont continuellement en guerre avec leurs voisins, et passent même pour n'avoir pas beaucoup de bonne foi entre elles. Les Tibboux ne sont pas cruels, mais ce sont des voleurs effrontés; ce qui leur assure le commerce presque exclusif du Ouaday et du Baghermi, peu de marchands osant traverser leur pays. La plupart sont idolâtres, et vivent à peu près dans l'état de nature, couverts de peaux de bêtes, et habitant des cavernes ou de misérables huttes. Leurs chameaux les mettent en état de faire en peu de temps des voyages d'une longueur extraordinaire; aussi changent-ils de demeure à chaque instant.

Mekni a ravagé plusieurs fois différentes parties du territoire des Tibboux de Borgou; ils s'en vengent sur les malheureux blancs qui peuvent tomber en leur pouvoir. Leurs armes sont trois javelines légères, une lance, un poignard, un sabre, et des dards, qu'ils nomment *changar*, et qu'ils lancent avec beaucoup d'adresse. Les Tibboux de Catroune sont armés à peu près de même; mais leurs armes sont mieux faites: ils y ajoutent quelquefois un pistolet. Les tribus sauvages se nourrissent de dattes et de la chair de leurs bestiaux. Elles ont très-peu de grain, et ne connaissent pas l'art de faire du pain. Les graines de khandal ou coloquinte forment un des principaux alimens des Tibboux du Tibesty et du Kavar. Ce peuple n'a pas adopté la coutume de se tatouer.

Les habitans de Catroune, qui veulent passer pour Fezzanais, sont la plupart nègres. Au centre de la ville est un château entouré de murs. Les Tibboux forment une caste séparée, et diffèrent des autres habitans par le costume, les mœurs et le langage.

Le 30 décembre, mes observations fixèrent la latitude de Catroune à 24° 47' 57" nord. J'allai rendre visite, le même jour, à Hadgi el Rachid, grand marabout et homme très-fin, qui m'offrit de m'accompagner chez toutes les tribus des Tibboux, si je voulais lui donner une montre et un télescope. J'aurais accepté cette proposition, si la mauvaise santé de Belford n'y eût mis obstacle. Le marabout me régala d'un plat de tabercas ou graines de coloquinte qui venaient du Tibesti, et je n'y trouvai aucune amertume.

Il me dit qu'on voit dans le Tibesti une source d'eau chaude qui semble bouillir comme si elle était sur le feu. Le sol dans lequel elle est située est rempli de soufre; on l'y trouve pur en plusieurs endroits. Les Tibboux boivent cet eau pour ses vertus médicales; les étrangers viennent aussi en faire usage. Il m'assura qu'elle guérit les maux d'yeux, les ulcères, les rhumatismes, et qu'elle possède une infinité de vertus merveilleuses. L'existence d'une telle source et de ce lit de soufre peut jeter quelque jour sur l'opinion que les montagnes du Tibesti sont d'origine volcanique.

Il me donna la route du Tibbou de Borgou au Ouaday (1).

Ouara (2) est la principale ville du Ouaday; le sultan y réside.

---

(1) Route du Tibbou de Borgou au Ouaday.

Sud-est quart de sud.

De Borgou à Kermedy....	2 journées.	Un puits.
De Kermedy à Bokalia....	2	Un puits.
De Bokalia à Bouchachim .	2	Un grand lac pendant la saison des pluies.
De Bouchachim à Kharma.	2	Un puits.

Sud.

De Kharma à Sobbou, ville du Tibbou............	2 journées.
De Sobbou à Emharaije, ville du Ouaday.......	1
D'Embaraije à Kermedy..	2
De Kermedy à Mara.....	2 heures.

(2) D'Ouara au Muddago, 5 journées au sud-ouest.
De Ouara au Bahr el Ghazal, sept journées au nord-ouest.

De Ouara (1) au Fittré on compte cinq à six journées, dans la direction sud.

Il n'avait jamais vu le Fittré, mais il m'en parla comme d'un grand lac, où l'on pêche beaucoup de poissons qu'on fait sécher : on les sale, et on les expédie au loin. Il ne connaissait aucune rivière qui communiquât avec ce lac.

Muddago est le nom de quelques montagnes de pierre noire très-élevées.

Le Battah, indiqué sur nos cartes comme une rivière, était autrefois, me dit Hadgi el Rachid, le lit d'un immense torrent; aujourd'hui il est complétement desséché. Il y avait vu des squelettes de grands poissons et d'animaux terrestres, des coquillages et des troncs d'arbre, comme dans le Bahr el Ghazal, dont il est éloigné de cinq journées au nord-ouest, et dont il faisait peut-être autrefois partie. Il conserve encore le nom de *Bahr*, ou rivière. Il ajouta que de Catroune à Ouara on ne rencontrait pas de rivière, pas même un ruisseau, mais que, dans la saison des pluies, les torrens se forment des lits temporaires dans les vallées.

Les esclaves qu'on amène au Ouaday viennent du Kaugha, du Kola, du Tama, du Romga, et d'autres petits États des environs.

---

(1) De Ouara au Kougha, six, sept à huit journées au sud-ouest.

Les Tibboux ont une race de moutons et de chèvres semblable à celle du Bornou et du Soudan. Quelques moutons ont la queue très-mince, et si longue qu'elle traîne à terre. On les distingue des autres par le nom de *madgiggri.* Ils sont couverts de poil au lieu de laine, et en général d'une couleur foncée. Les chèvres sont petites et bien faites, leur poil est aussi lustré que le crin des chevaux. Ces animaux sont très-nombreux et à bon marché.

Lorsque je fus sur le point de quitter Catroune, je donnai une piastre à la maîtresse de la maison où nous logions : c'était une somme considérable, et cette femme en parut très-reconnaissante ; ce qui ne l'empêcha pas de me demander aussi un peu de beurre ; et à l'instant de mon départ, elle m'interpella de nouveau, en me demandant si je ne lui donnerais pas un peu de grain. Cette cupidité insatiable est commune aux habitans du Tibbou comme à ceux du Fezzan : je crois que les uns sont sur ce point les élèves des autres. Un proverbe du Fezzan dit : *Donnez votre doigt à un habitant de Mourzouk, il vous demandera votre main ; donnez-lui la main, il vous demandera le bras.*

Nous partîmes de Catroune le 31 décembre à midi, et nous rencontrâmes sur les sables une cinquantaine de jeunes filles bien vêtues, dansant sur deux lignes, et précédées de deux tambours. Elles s'avancèrent vers nous, et nous entourèrent en chantant. Un Arabe peu galant tira un coup de fusil en l'air, poussa son cheval au milieu de cette troupe, et la dispersa. Je n'avais jamais vu courir plus vite.

Dans le Tibbou, comme dans le Fezzan, les instrumens de musique consistent principalement en tambours. Ils sont formés d'un tronc de palmier creusé, et couverts d'une peau à chaque extrémité. On le bat d'un côté avec un bâton, et de l'autre avec la main. On nomme cet instrument *gonga;* quand il est plus petit, on l'appelle *doubdaba.* On a aussi une espèce de cornemuse nommée *zouccra.*

Après avoir traversé une plaine sablonneuse dans laquelle s'élevaient quelques bouquets de jeunes palmiers, nous arrivâmes à deux heures au petit village d'el Bakkhi, et nous dressâmes notre tente en face d'une maison fort propre appartenant au cheikh, qui était un marabout : son fils, en son absence, pourvut à nos besoins avec beaucoup de politesse. Il avait environ seize ans, et Saad l'appelait toujours *Sidi marabout*, surtout quand il nous apportait quelque chose à manger.

Nous dinâmes à l'ombre d'un gheid, le plus grand arbre que nous eussions vu. C'est une espèce de mimosa, à fleur jaune; sa gousse est trés-astringente ; l'on s'en sert pour préparer le cuir, et pour teindre en noir. On lui attribue des vertus médicinales.

Nous avions en face de nous deux autres gheids, des figuiers, des vignes, des palmiers. A l'aspect de cette verdure nous nous serions crus transportés en paradis ; mais en tournant la tête nous n'apercevions plus qu'un désert aride qui s'étendait à perte de vue.

Nous partîmes d'el Bakkhi le lendemain à huit heures : c'était le 1er janvier 1820. Le nouvel an s'annonça par une superbe matinée. Aprés avoir parcouru six milles dans la direction du sud-sud-ouest, nous arrivâmes à Medrousa, joli petit village où l'on me demanda deux piastres pour un chevreau pas plus gros qu'un petit chat. Nous vîmes dans les environs plusieurs trous dans lesquels on fait du goudron à la manière du Tibbou : on enterre profondément un pot, dont le couvercle est troué ; on emplit une grande jarre d'os et de noyaux de dattes ; on en couvre l'ouverture avec une poignée de fibres de palmier, et on le renverse sur le premier vase. On allume tout autour un grand feu avec du bois et de la fiente de chameau, et on l'entretient jusqu'à ce que les cendres soient rouges et brûlantes. Le goudron tombe dans le pot de dessous, et on le retire quand le vase supérieur est refroidi. Cette composition a la couleur et l'odeur du goudron extrait de la houille. On en enduit les outres destinées à contenir de l'eau : l'on s'en sert aussi pour guérir les ulcères des chameaux.

Je remarquai que tous les hommes que nous rencontrâmes au-delà de Catroune étaient armés d'une longue javeline, et portaient le poignard attaché au poignet.

Le terrain que nous parcourions formait une lisière dont la largeur variait d'un demi-mille à trois ou quatre milles. Elle était couverte çà et là de quelques broussailles : au-delà nous n'apercevions des deux côtés qu'un désert nu et stérile.

Le lendemain à six heures et demie du soir nous arrivâmes à Tedjerry, dernière ville du Fezzan du côté du sud. Nous y fûmes logés dans la seule maison passable qui s'y trouve ; comme elle était située dans l'enceinte du château, qui est entourée de murs, nous pûmes nous mettre à l'abri de l'importunité des curieux en fermant la porte.

CHAPITRE VIII.

Château de Tedjerry. — Cherté des vivres. — Routes de Zouela à Dernè et à Bilma. — Retour à Catroune. — Arrivée de l'armée envoyée par Mekni dans le Tibbou de Borgou. — Habitans de ce pays. — Leurs ruses pour échapper à leurs ennemis. — Manière de faire des esclaves. — Retour à Mourzouk. — Accueil fait par le sultan à son fils. — Vente des esclaves. — Mekni est confirmé dans sa dignité par le pacha. — Détails géographiques.

Les murs du château de Tedjerry ont environ trente pieds d'épaisseur à leur base, et dix à leur sommet; ils sont percés de barbacanes pour la mousqueterie. Ces ouvertures se nomment en arabe *embraza*, analogie assez frappante avec le mot français *embrasure*. Les habitans sont presque sauvages; ils parlent la langue du Bornou, et l'on y comprend à peine l'arabe. Toutes les caravanes du Bornou, du Ouaday, et quelquefois du Soudan s'arrêtant dans cette ville, les vivres y sont toujours très- chers; les marchands à demi affamés qui arrivent les achetant à tout prix. On n'y trouve d'autres grains que de l'orge et du sorgo. On n'y enterre pas les dattes comme à Mourzouk ; on les conserve dans des espèces de huches construites à cet effet dans l'intérieur des maisons, et on les couvre de sable ; souvent même on se contente de les déposer sur les toits, où elles n'ont pas à craindre la pluie, puisqu'il n'en tombe jamais.

Il y a quelques années, ce pays était fameux par les brigandages de ses habitans, qui pillaient, et quelquefois même assassinaient les voyageurs : les grandes caravanes n'étaient pas en sûreté. Mais Mekni en a réduit un grand nombre en esclavage, et a mis les autres à la raison.

Il faut avouer que les Arabes et les Fezzanais n'ont pas la moindre pitié pour les gens qui les logent. Un Fezzanais obligé de nourrir pendant vingt-quatre heures un homme et son cheval, se regarde comme traité durement, quoiqu'il n'ose s'en plaindre. Mais si ce même Fezzanais, muni d'un ordre du sultan, va dans un endroit éloigné avec une demi-douzaine de cavaliers, il exige dans chaque hameau de la viande, quelque exorbitant qu'en soit le prix, et il en emporte des poulets ou un mouton, ainsi qu'une ou deux douzaines de pains. Comme je payais toujours, soit en argent, soit en marchandises, tout ce qu'on me fournissait, mes compagnons de voyage me répétaient sans cesse que j'avais tort d'agir ainsi, au lieu de profiter de l'ordre du sultan, qui me permettait de prendre gratis tout ce dont j'avais besoin. Ceux qui recevaient ce paiement, n'y étant pas accoutumés, en étaient eux-mêmes étonnés. Tedjerry est situé par 24° 4' de latitude nord. Le désert commence aux murs de cette ville : ainsi plus au sud on ne trouve plus de dattiers. Les dattes de Tedjerry sont très-bonnes ; on en récolte une grande quantité (1).

---

(1) Je tiens les détails suivans d'un Arabe de Zouela, revenu de Dernè depuis peu de temps. Je dois d'autant plus compter sur leur exactitude, que cet homme était plus instruit que la plupart de ses compatriotes.

ROUTE DE ZOUELA A DERNÈ.

De Zouela à Timissa, deux journées de huit heures chacune ; la première à l'est, la seconde au nord.

De Timissa à Fouggha, deux longues journées en été, et trois et demie en hiver, au nord-nord-est. Fouggha est à une journée à l'ouest de l'Haroutz el Abiad, dans une vallée, entre deux montagnes, qui s'étendent du nord-est au sud-ouest.

Nord-est.

De Fouggha à Zala........	4 journées.	Puits.
De Zala à Marada..........	4	Puits.
De Marada à Zdabia.......	4	Puits.
De Zdabia à Benghazi......	4	Grande ville sur les côtes de la mer.

De Benghazi à el Abiad F'il Naga, une longue journée.

D'el Abiad à Saas ou el Khof.. 1 journée.

Je ne trouvai personne qui connût les lacs salés de Dombou, marqués sur toutes les cartes; mais on me dit qu'à Agram, qui est à quatre journées ouest-sud-ouest de Bilma, on recueille une immense quantité de sel sur les bords

---

De Saas à Maraoua........	1	journée.
De Maraoua à el Homrie....	1½	
D'el Homrie à Garinna.....	1	
De Garinna à Legbaiba.....	1	
De Legbaiba à Dernè......	1	

Dernè est une ville considérable sur la côte de la Méditerranée; elle est entourée de murs, et il s'y trouve une grande mosquée.

D'autres voyageurs m'ont donné la route suivante, de Tedjerry à Bilma.

Sud.

De Tedjerry à Mecherou...	2 journées.	Puits.
De Mecherou à Teneia.....	1	Rochers.
De Teneia à el Ouarr.....	2	Puits.
D'el Ouarr à el Hammer...	2	Puits.
D'el Hammer à Mattrous....	2	Puits.
De Mattrous à Zhai........	2	Puits et palmiers.
De Zhai à el Mara.........	1	Puits et palmiers.
D'el Mara à Hataif el Dome..	1	Puits.
D'Hataif el Dome à Ouguira..	1	Grande ville du Tibbou Kavar.
D'Ouguira à Kesby........	1½	Ville.
De Kesby à Chenoumma....	1½	Ville.
De Chenoumma à Dirki....	1	Grande ville.
De Dirki à Bilma..........	2	Très-grande ville.

d'un grand lac : les Touariks d'Aghadès en font un grand commerce avec le Soudan. Ceci se rapporte avec ce qu'on dit des lacs de Dombou ; et, d'après la position donnée à Agram, et la circonstance des Touâriks, qui s'y rendent pour recueillir du sel, je suis tenté de croire que c'est le même lieu désigné par deux noms différens. Les Tibboux au nord du Bornou sont les Ouandelas, les Gourdas et les Traitas. Ces tribus sont mêlées ensemble. Le Tibestiy est à l'est de la route du Bornou et sur celle du Ouaday.

Je rencontrai à Tedjerry une femme qui prétendait dire la bonne aventure en regardant l'intérieur de la main. C'est le premier exemple que j'en aie vu dans ce pays.

J'avais dessein d'avancer dans le désert jusqu'au puits nommé el Viekh, situé à trois journées de distance, dans l'espoir d'y rencontrer l'armée du sultan, qui revenait de son expédition. La mauvaise santé de Belford m'en empêcha. Je me bornai à y faire une excursion d'une journée, et je reconnus que ce désert était semblable à ceux que nous avions déjà traversés.

Nous repartîmes de Tedjerry le 7 janvier, et le 8 dans la soirée, nous arrivâmes à Catroune ; où nous descendîmes chez notre ancienne hôtesse. Le lendemain j'entendis battre le *toubbel* pour la première fois. C'est un grand tambour

... garde ordinairement dans la maison du cheikh; on le bat pour annoncer qu'il est arrivé des ordres du sultan, et le cheikh les publie. La proclamation ordonnait à chaque famille de fournir le lendemain des vivres et des fourrages pour l'armée du sultan qui revenait de son expédition. On voit des tambours semblables dans toutes les villes au sud de Mourzouk; mais je n'en avais pas encore aperçu. Le son n'en est pas agréable aux oreilles des habitans, car ils savent qu'ils paient toujours les frais de cette musique.

Le 10 janvier, je sortis de Catroune pour aller au-devant de Sidi Aleioua, et je le rencontrai avec son armée à el Bakkhi. La cavalerie marchait en tête; elle était suivie de l'infanterie et des esclaves, qui étaient au nombre d'environ huit cents. Ces malheureux n'avaient que la peau sur les os : ils étaient couverts de haillons. Le reste du butin consistait en trois mille chameaux à peu près, et environ cinq cents ânes. Un millier de chameaux et un assez grand nombre de captifs étaient morts en route. Quant aux enfans, on ne tenait aucun compte du nombre de ceux qui mouraient, parce qu'on n'y attachait aucune importance. Quand on en prenait qui étaient encore à la mamelle, et que la mère ne se trouvait point dans le village, on essayait de les nourrir un jour ou deux avec des dattes délayées dans l'eau : s'ils dépérissaient, on les jetait sur la route pour y mourir de faim, ou y être dévorés par les chacals. Un misérable Arabe Bouvadie se vanta devant moi en riant de pareilles prouesses : il fut très-surpris de ce que je le chassai avec indignation.

Notre ami Mohamed el Lizari qui remplissait les fonctions de commandant de cette expédition, quoique Sidi Aleioua en portât le titre, était si révolté des scènes de cruauté dont il avait été témoin, qu'il fit serment de ne jamais prendre part à ces excursions. Il n'avait accompagné celle-ci que malgré lui : mais il n'avait pu refuser d'obéir à l'ordre positif de Mekni. L'expédition avait duré six mois. Pendant ce temps l'armée avait parcouru le Tibboû de Borgou, le Ouajunga et la partie méridionale du Bahr el Ghazal. Ils n'avaient pas eu de grands succès dans le Borgou ; car les Tibboux, avertis de leur approche, s'étaient retirés sur leurs montagnes. Les Fezzanais, ne pouvant les y poursuivre, se vengèrent en leur tirant des coups de fusil, parce qu'ils savaient bien que les pauvres nègres n'en avaient pas pour leur riposter.

Les Tibboux du Borgou sont idolâtres, mais doux et paisibles. Ils habitent des cabanes construites en nattes de feuilles de palmier : le tissu en est si serré que la pluie ne peut y pénétrer. J'en ai vu à Catroune et à Tedjerry; elles me paraissent préférables à la plupart des maisons. Les Tibboux cultivent peu de grain; les dattes et la chair de leurs bestiaux font leur principale nourriture. Des peaux d'animaux et quelques étoffes grossières, qu'ils achètent de leurs voisins, forment leurs vêtemens. Les enfans des deux sexes restent entièrement nus.

Les hommes n'ont souvent qu'une ceinture autour des reins; d'autres s'enveloppent d'une pièce d'étoffe qui leur couvre à peine le genou: tous ont la tête nue. S'il faut en croire les Arabes, qui, pour excuser leurs cruautés, cherchent toujours à décrier ce peuple, le mariage est inconnu parmi les Tibboux; les femmes y sont en commun, et l'inceste n'y est pas regardé comme un crime. Ils mangent la chair des animaux qui meurent de mort naturelle.

Mohamed el Lizari vint loger avec nous. Ses soldats et lui-même n'avaient eu depuis quarante-deux jours d'autre nourriture que des dattes: cependant ils n'étaient pas maigris, ce qui prouve la propriété nutritive de ce fruit. Mekni, qui était très-jaloux de Mohamed el Lizari, et qui ne pouvait le souffrir, avait donné ordre de l'assassiner en tirant à balles sur lui dans un des jeux militaires. Mais Mohamed était si respecté dans le Fezzan, que les hommes qui avaient reçu cet ordre, au lieu de l'exécuter, vinrent l'en avertir, et l'invitèrent à se tenir sur ses gardes. Il était pourtant dans une situation fort critique, ayant à craindre qu'un second ordre ne trouvât des gens plus disposés à obéir. Quoiqu'il couchât dans la même chambre que nous, il ne dormait qu'avec ses pistolets sous sa tête, et son sabre à côté de lui.

On représente les Tibboux du Borgou comme des hommes si timides que la vue d'un Arabe suffit pour en mettre plusieurs en fuite, surtout s'il est à cheval. Ils courent avec une vitesse prodigieuse, et sont fertiles en stratagèmes pour échapper à ceux qui les poursuivent. Par exemple, s'ils sont sur des rochers, ils s'y accroupiront de manière qu'on les confonde avec les montagnes qui sont de couleur noire; s'ils rencontrent des arbres, ils en embrassent le tronc; s'ils sont sur un terrain sablonneux, ils s'arrêtent sur une éminence, jusqu'à ce que leurs ennemis soient descendus dans la ravine qui les sépare d'eux; alors ils descendent précipitamment dans un autre ravin, changent de direction, et quelquefois même s'enterrent sous le sable. Mekni me raconta plusieurs de leurs ruses : il semblait irrité de ce qu'ils osaient les employer. *Si vous en prenez un*, me dit-il, *et que vous n'ayez pas soin de le garrotter à l'instant; tournez la tête, il est échappé.*

Quand les Arabes du Fezzan veulent faire des esclaves, ils arrivent pendant la nuit à deux ou trois heures de distance du village qu'ils ont dessein d'attaquer, puis laissant leurs tentes et leurs chameaux, ils se mettent en marche de manière à tomber sur leur proie au point du jour. Alors ils entourent le village, le cernent graduellement de plus près, et réussissent ordinairement à prendre tous les habitans. Les malheureux qui échapperaient à la première ligne tombent sur la seconde, et leurs ennemis étant armés de fusils, toute résistance est inutile. On garrotte les captifs à mesure qu'ils sont pris, ensuite l'on s'empare des chameaux, des troupeaux et des provisions.

Chacun peut entreprendre une expédition de ce genre pour son compte. Tout ce dont il s'empare lui appartient, à condition d'en remettre un quart au sultan. Dans une attaque générale, tout le butin est mis en commun : on prélève d'abord le quart du butin, puis on donne un esclave à chaque fantassin, et deux à chaque cavalier. Si le nombre des prisonniers le permet, on procède à une seconde répartition ; quand il n'est pas suffisant, on en donne un pour deux ou trois hommes. Ceux-ci partagent le prix de la vente. Deux petits enfans équivalent à un jeune homme de 9 à 10 ans, et deux jeunes gens de 9 à 20 ans avec une fille du même âge, forment une part.

Le 12 janvier, nous partîmes de Catroune, et nous arrivâmes le 16, dans la soirée, à Mourzouk, où l'armée ne devait entrer que le lendemain. Mes amis Youssuf et Hadgi Mahmoud avaient préparé une fête pour me recevoir. J'allai rendre visite à Mekni qui m'accueillit de l'air le plus gracieux, me remercia d'avoir été au-devant de son fils, et feignit d'être honteux de ce que celui-ci ne m'eût pas fait présent d'une couple de chameaux.

Le lendemain, je partis avec les mameloucks et un grand nombre d'habitans pour aller au-devant de l'armée, politesse dont on me témoigna de la reconnaissance, car on ne croyait pas que je sortirais de chez moi, après les fatigues de mon voyage. On rentra dans la ville, et l'on ne pensa, tout le reste de la journée, qu'à manger et à se divertir. Le 18, tous ceux qui avaient fait partie de l'expédition se couvrirent de leurs plus beaux habits, se parfumèrent d'essence de rose, et formèrent, pour se rendre au château, un cortége qu'on aurait vu avec plaisir, si l'on n'eût été attristé par le spectacle des malheureux captifs, dont les haillons et l'air misérable, offraient un contraste frappant avec l'élégance et l'air de triomphe de leurs ravisseurs. Six drapeaux et une troupe nombreuse de musiciens ouvraient la marche, la cavalerie suivait, et l'infanterie fermait. Je précédai le cortége, parce que je voulais voir comment Mekni recevrait son fils. Je le trouvai pâle et agité, et presque hors d'état de me saluer. Une grande foule remplissait la cour du château : elle s'ouvrit, et Sidi Aleioua s'avança vers son père, s'agenouilla et lui baisa la main ; le sultan, la tête penchée sur le cou de son fils, versait des larmes de tendresse. Je lui aurais pardonné en ce moment sa conduite envers M. Ritchie et envers moi, si je n'avais songé que ce fils, qu'il revoyait avec tant de plaisir, ramenait en triomphe une foule de pauvres enfans qu'il avait arrachés à la tendresse de leurs parens. Quand le sultan se fut remis, on lui apporta une superbe bornouse de drap d'or ; il en couvrit Aleioua, après lui avoir fait ôter celui qu'il portait. C'est le présent d'usage dans tous les États barbaresques pour un général victorieux. Cette cérémonie terminée, les Arabes commencèrent celle de baiser la main du sultan, qui, ensuite, gratifia le peuple d'un sourire de bienveillance, et rentra dans le château, appuyé sur les épaules de ses deux fils (1).

---

(1) Plusieurs personnes, ayant fait partie de cette expé-

Le lendemain, la place voisine du château offrit un aspect tout différent. Plus de mille chameaux y étaient rassemblés; l'on y voyait des

---

dition m'ont donné les détails suivans sur la route que l'armée avait suivie. Comme leurs récits se sont trouvés d'accord, je puis croire à leur exactitude.

ROUTE DE TEDJERRY AU BORGOU.

Sud.

De Tedjerry à Mecherou.	2 journées.	Puits.
De Mecherou à el Ouarr. .	$2\frac{1}{2}$	Puits et rochers.
D'el Ouarr à el Fezzn. . .	2	Puits.

Sud-est.

D'el Fezzn à Abou.	4	Ville du Tibesty, le Febabou des cartes.
D'Abou à Ouaday Kharit.	1	Puits.
D'Ouaday Kharit à Taou.	1	Puits dans une vallée.
De Taou à Zouar	1	Eau de pluie dans des creux de rochers.
De Zouar à Marmar.	1	
De Marmar à Soubka. . . .	$2\frac{1}{2}$	Puits et dattiers.
De Soubka à Tourké. . . .	1	Puits.

Est.

De Tourké au Borgou . . .	4	

Yen est la principale ville du Borgou. C'est un amas de cabanes en terre plutôt qu'une ville. Ses habitans sont idolâtres, et sa population est nombreuse en temps de paix. Les naturels du Ouaday y viennent en caravanes pour y faire le commerce d'esclaves. Les soldats de Mekni firent prisonniers plusieurs sujets du roi d'Ouaday près de cette ville.

marchands de tous les pays voisins, Tibboux, Touariks, Arabes et autres : les pauvres esclaves, objet de cette réunion, étaient exposés

---

On compte d'Yen à Kermedy......	$\frac{1}{2}$ journée.
	à Ouan..........	2
	à Gorr..........	$\frac{1}{2}$
	à el Boummel....	$\frac{1}{2}$
	à Tikki.........	2
	à Beddou........	2
	à Ouerda........	2

ROUTE DE TEDJERRY A BILMA.

Sud.

De Tedjerry à Mecherou.	2 journées.	Puits.	
De Mecherou à el Ouarr.	$2\frac{1}{2}$	Puits et rochers.	
D'el Ouarr à el Hammer..	2	Puits.	
D'el Hammer à Maffrous.	$2\frac{1}{2}$	Puits.	
De Maffrous à Zhaia.....	2	Eau de pluie et dattiers.	
De Zhaia à Siggidoum...	$1\frac{1}{2}$	Vieux château, puits.	
De Siggidoum à Annai...	1	Puits et dattiers.	
D'annai à Kisby........	1	Ville.	Tibboux des tribus de Kavar, de Ouandela, de Gounda et de Traita.
De Kisby à Dirki.......	$\frac{1}{2}$	Ville.	
De Dirki à Chenoumma..	1	Ville.	
De Chenoumma à Bilma..	1	Ville.	

Le Kavar et le Bilma sont deux cantons du même pays. Il s'y trouve de petits villages. Plusieurs familles vivent éparses dans le désert. Une partie des habitans est mahométane, l'autre idolâtre : ceux-ci sont les plus nombreux.

Le Oudjenga, qui a aussi été ravagé pendant la dernière

en vente, nus et le corps frotté d'huile pour leur donner meilleure apparence. Des crieurs répétaient d'une voie aigre le dernier prix of-

---

excursion des troupes de Mekni, est situé à huit journées à l'est du Borgou. C'est un grand pays, qui se divise en deux territoires, situés à une journée de chemin l'un de l'autre, dans la direction de l'est à l'ouest. Le plus oriental est traversé par une grande rivière, qui coule du nord au sud, qui a près de trois cents toises de largeur, et qui est très-profonde; l'eau en est saumâtre : elle est très poissonneuse. Ce pays est montagneux; il est coupé par des chaînes de montagnes de roche noire : quelques-unes sont si hautes et si escarpées, que, suivant l'expression des Arabes, *on ne peut regarder leur sommet sans laisser tomber son bonnet.*

Le Ouadjenga occidental est arrosé par trois rivières, l'une d'eau salée, les deux autres d'eau *douce comme le miel,* disent les Arabes. La plus grande, à laquelle ils donnent le nom de *Nil*, est très-large, très-profonde, et coule de l'ouest à l'est. On trouve dans ce pays beaucoup de dattiers. Le bétail y est nombreux. On y voit aussi des éléphans et une grande quantité d'autruches.

Le Ouaday est à dix journées au sud du Ouadjenga. A trois journées de ce pays se trouve Terraveya.

Du Borgou au Bahr el Ghazel on compte cinq journées au sud;
au Kanem, douze journées au sud-ouest;
au Ouaday, quatorze journées au sud-sud-est.

Du puits d'el Ouiakh, qui est à deux journées au sud de Tedjerry, une autre route conduit dans le Tibesty; elle est plus courte, mais plus difficile que l'autre. On compte sept fert pour chacun de ces infortunés qui les suivaient en courant ; ils étaient présentés successivement à chaque groupe de marchands. Le prix n'en était pas très-élevé. Une jeune fille de treize ans se vendait environ trente-cinq piastres ; un jeune garçon du même âge, quinze à vingt. Une jolie fille se payait quelquefois plus cher, mais il était bien rare qu'on donnât davantage d'un garçon.

Abou Beker Boukhalloum, que Mekni avait envoyé à Tripoli, en revint avec un teskera.

---

grandes journées jusqu'à Braï, où l'on trouve de l'eau de pluie. Pendant ces sept journées, on traverse une chaîne de montagnes noires, dépourvues d'eau, d'herbes, de broussailles : on n'y rencontre aucun animal. En certains endroits elles sont si difficiles à gravir, qu'au moindre faux pas, les chevaux ou les chameaux tombent dans un précipice, où ils périssent. Lorsque les caravanes prennent cette route, les esclaves et les animaux sont quelquefois si fatigués, qu'il s'en trouve qui ne peuvent continuer à marcher : on les y laisse périr pour sauver ceux qui n'ont pas perdu toutes leurs forces.

Arna et Braï sont à trois journées de distance l'un de l'autre. Berdaï, que je regarde comme le Berdoa des cartes, est à deux journées à l'est du Tibesty. De Braï à Marmar on compte neuf journées au sud-est.

Quelques personnes parlent d'une tribu de Tibboux, qu'ils nomment Fébabou ; elle est inconnue. Je présume qu'on a tiré ce nom de celui d'Abou, petite ville du Tibesty.

du pacha, qui continuait le sultan dans sa dignité pour trois ans, à condition qu'il lui paierait 80,000 piastres. Le sultan s'assit sur son fauteuil de parade pour recevoir Boukhalloum, et après avoir lu la lettre du pacha, ou fait semblant de la lire, car le sultan n'est pas lettré, il la remit au fekhi qui en fit la lecture à haute voix; ensuite le peuple poussa de bruyantes acclamations, et s'écria : *Dieu soit loué!* Le pacha avait envoyé en présent à Mekni un beau bornouse jaune, orné de galons. Le sultan le baisa, le posa trois fois sur sa tête, et le substitua à celui qu'il portait.

On procède d'une manière singulière au partage du quart des esclaves qui appartient au sultan. Abou Beker, le vieux cheikh Baroud ou quelques autres favoris de Mekni, font venir les uns après les autres, devant eux, les esclaves appartenant à chacun de ceux qui ont pris part à l'expédition; leurs maîtres sont présens. On met successivement les esclaves en vente au plus offrant. Le dernier enchérisseur paie au sultan le quart du prix qu'il a donné. Le maître d'un esclave a le droit d'enchérir : si l'esclave lui reste, il en demeure définitivement propriétaire, en payant pareillement au sultan le quart du prix.

Abou Becker m'apporta des lettres de Tripoli,

où il avait vu le consul d'Angleterre et le docteur Dikson. Il me remit aussi de l'argent que m'envoyait un ami instruit de notre position fâcheuse.

Mohammed el Lizari, suivant le conseil de ses amis, résolut de m'accompagner à Tripoli, pour se mettre à l'abri des mauvais desseins de Mekni, craignant que le sultan ne le fît assassiner avant mon départ, il était toujours armé; tout son monde l'était également. La conduite de Mekni, à mon égard, me paraissant singulière, je pris la même précaution.

Avant de quitter le Fezzan, je dois faire quelques observations générales sur l'état du pays, ainsi que sur les mœurs et les coutumes de ses habitans.

CHAPITRE IX.

Aspect du Fezzan. — Minéraux. — Quadrupèdes. — Oiseaux. — Végétaux. — Culture. — Propriétaires. — Gouvernement. — Caractère des habitans. — Armée. — Législation criminelle. — Religion. — Ouvriers. — Esclaves. — État civil des enfans qui en naissent.

Bondjem, situé par 30° 35' de latitude nord, forme la limite septentrionale du Fezzan, et Tedjerry, par 24° 04', borne ce royaume au sud. Il confine à l'est avec les monts Haroutz (1), au-delà de Timissa, et à l'est avec l'Oubari (2).

Ce pays présente en général un aspect stérile. Un sable jaune très-fin, et une espèce de gravier, en couvrent toutes les plaines, à l'exception des monts Soudah et Haroutz. On ne trouve dans cette immense contrée que trois sources, qui sont près de Traghan; mais on rencontre

(1) Probablement Aroudje.

(2) Probablement Houbar, quoique placé sur les cartes trop loin du Fezzan. Tedjerry s'y trouve aussi de deux degrés trop au nord.

souvent de l'eau à 10 ou 20 pieds de la surface de la terre, sur un lit d'argile ou de sel. Ce désert n'offre d'autres plantes que quelques broussailles, nommées *agoul*, *thamaran* et *disa*, et quelques *talhs*, qui sont des arbres de la famille des *mimosas*. Ce n'est que dans les environs des villages et des villes qu'on voit des dattiers, et qu'on cultive péniblement un peu de grains et quelques légumes. Rien de plus mal fondé que l'opinion de la fertilité des Oasis.

On peut dire que le Fezzan est situé dans le désert, dont sa fertilité ne le distingue pas. Le sol ne consiste généralement qu'en sable, mais près de Mourzouk, on trouve, sous la surface, une espèce d'argile blanchâtre, qui, mêlée avec le sable, devient assez productive. Les petites portions de terrain que l'on cultive, sont fertiles; cependant, les travaux immenses que leur irrigation exige, empêchent les cultivateurs de former des jardins de plus d'un acre d'étendue. Quelques portions de terrains à qui l'on donne ce nom, n'ont pas plus de quarante à soixante pieds carrés.

On trouve dans le Fezzan du gypse, du salpêtre et du soufre, à ce que l'on m'a dit; mais la soude, le sel gemme et l'alun y abondent. La soude se tire des environs de Germa, dans la vallée de Chiati; le sel et l'alun, de différens endroits, mais plus particulièrement des cantons orientaux. On voit près de Mafen une plaine de sel solide, qui a près de trente milles de longueur.

Voici les productions du Fezzan dans le règne animal.

QUADRUPÈDES.

Chat-tigre, animal féroce.

Hyènes, très-farouches et très-nombreuses.

Chakals, très-nombreux, s'approchent des lieux habites.

Renard, rare, et plus petit que celui d'Europe.

Ouadan, buffle sauvage de la taille d'un âne, ayant de très-grandes cornes, et sur les épaules de longues touffes de poils.

Buffle rouge, animal lourd et facile à prendre.

Buffle blanc, de petite taille, mais agile et courageux.

Antilope, rare près de Mourzouk.

Chat sauvage, se trouve dans les rochers.

Porc épic, dans les vallées voisines de Bonejem.

Hérisson, dans les envisons des puits. Les Arabes en mangent la chair.

Rat, de deux espèces, l'une jaunâtre, l'autre brune. La première habite le désert, la seconde se trouve dans les maisons. Toutes deux ont la queue touffue.

Gauntcha, animal du genre du rat, à poil noir, ayant la queue touffue, et la tête semblable à celle d'un blaireau; il vit dans les palmiers: facile à apprivoiser.

Souris, de deux espèces, l'une jaune, l'autre brune, comme les rats.

Gerbo; ne se trouve que dans le désert.

Lapins; peu de sauvages. On en voit à Mourzouk quelques-uns de privés, qui sont amenés des côtes de la Méditerranée.

Lièvre; se trouve dans les vallées : assez rare.

Chameau, nommé *meherry*, ou chameau de course.

Cheval.

Ane.

Moutons, *chèvres*, et surtout les *vaches*, en très-petit nombre.

Chien. Je n'en ai vu que deux, de la race du lévrier, à Mourzouk.

OISEAUX.

Autruche; dans les montagnes du Ouadan.

Aigle, rare.

Vautour, très-commun dans le désert.

Faucons : assez nombreux.

Pintade sauvage; dans les vallées au nord de Sokna.

Corbeaux : nombreux dans le désert.

Canard sauvage. J'en ai vu quelques volées ; mais je ne puis dire d'où ils viennent : c'est probablement de quelques lacs du désert.

Foulque : on en trouva une dans les rues de Mourzouk pendant le séjour que nous y fîmes, et on nous l'apporta. C'était la première qu'on y voyait.

Moineaux : très-nombreux. Le mâle est couleur d'ardoise avec des taches noires; la femelle comme en Europe.

Hirondelle, couleur d'ardoise, et très-petite.

Pie-grieche, couleur d'ardoise.

Hibou, de petite espèce, ayant une touffe de plumes sur la tête.

Roitelet, ailes noires, poitrine jaune.

Bergeronnette, ressemblant à un serin mulet.

Un oiseau ressemblant à une grive, mais à queue plus longue.

Perdrix, au nord de Sokna.

Pigeon sauvage et *privé*. Le premier est un oiseau de passage, qui part en août, et s'en va du côté du Bornou et du Tibbou.

Poules, en très-petit nombre.

Quelques oies, à Zouela.

RÈGNE VÉGÉTAL.

Gafouli masr, sorgo ou millet.

Gafouli abiad, petit millet.

Goussoub, petit grain brun, rond; le d'hourra d'Égypte.

Goussoub tamzavi, } deux autres espèces du même grain.
Goussoub albavi, }

Goummah, froment.

Chair, orge.

Taridi, autre espèce d'orge, de couleur rouge.

Bichena, petit grain ressemblant au millet.

Loubia, petite fève.

Gilgillan, petit pois.

Latila, petite vesce noire.

Kervia, carvi.

(On mange aussi la graine de coloquinte et celle de soleil.)

Navet, de forme alongée, petit et rare.

Carotte, petite, rare, et sans saveur.

Radis, bon et piquant.

Melochia, } plantes qu'on mange en salade.
Birti gallis, }

Bamia, petite gousse qu'on mange dans la soupe.

Séneve, *cresson*; bon, mais rare.

Oignons, bons et abondans.

Ail, rare, mais de bonne qualité.

Piment, très-bon et en abondance.

Tomates, rares, mais bonnes.

Potiron, gros, jaune et de bonne qualité.

Gerou, fruit qui ressemble au melon.

Raisins; on en trouve près des puits et dans tous les jardins.

Grenades, fort belles, mais en petite quantité.

Abricots, rares et mauvais.

Pêches, ne mûrissent jamais.

Pommes, rares, cotonneuses et sans goût.

Melons d'eau, bons, mais en petite quantité.

Figues, petites, mais bonnes.

Corna, petit fruit rond, ressemblant à la pomme pour la forme et l'odeur, et de la grosseur d'une noix. Il a trois noyaux; il est très-bon quand il est frais : il croît sur un arbre qui a quelquefois trente pieds de hauteur. M. Ritchie croyait que c'était le rhamnus ou le lotus.

Le froment et l'orge se sèment en octobre et en novembre, et se récoltent en mars et en avril. Pendant tout ce temps, et jusqu'à cette dernière époque, il faut arroser deux fois par semaine, opération pénible, qui se fait en tirant de l'eau des puits, et en la conduisant dans les jardins par de petits canaux. Le *gouddoub*, ou *soufsafa*, est une espèce de treffle qui se sème par petites planches en janvier ou février, et qu'on peut couper tous les quinze jours jusqu'en novembre. Alors il ne pousse plus, et l'on en donne les racines aux bestiaux. Il est très-cher. Cette nourriture engraisse en peu de temps les chevaux et les chameaux. Toutes les espèces de *goussoub* et de *gafouly*, se sèment au milieu de l'été; la récolte s'en fait en automne. Quelquefois on les donne en vert aux chevaux : alors, la tige a le goût de la canne à sucre. On la cultive beaucoup, uniquement pour les chevaux. On arrache la plante avec les racines. La paille sèche sert de fourrage pendant l'hiver; elle est d'un prix exorbitant. La tige du gafouli s'élève quelquefois à sept et à huit pieds.

L'eau du Fezzan est partout saumâtre, et quelquefois même entièrement salée. On trouve pourtant quelques puits dont l'eau paraît presque douce. Il n'y a pas de rivière : on y trouve des eaux stagnantes qui produisent du sel ; elles occasionnent les fièvres qui règnent dans quelques cantons.

La capitale du Fezzan est Mourzouk, situé par 25° 54' de latitude septentrionale (1), et 15° 52' de longitude orientale. Les autres villes les plus considérables, sont, Sokna, au nord; Zouela, à l'est; et Catroune, au midi. Le peuple se nourrit presque uniquement de dattes, car on ne cultive qu'une très-petite quantité de grains et de légumes. On y ajoute quelquefois un peu de chair de chameau, car celle des moutons et des chèvres est trop chère pour la classe indi-

(1) Cette ville est encore placée sur les cartes à deux degrés plus au nord, et il en est de même de tout le Fezzan.

gente ; je crois même que très-peu de personnes sont *en état de manger de la viande plus de trois fois par semaine.*

On ne commerce *qu'avec* le Bornou, le Soudan et le Ouaday, par les caravanes.

La plupart des plantes qu'on cultive dans le midi de l'Europe, réussiraient certainement dans le Fezzan, en leur donnant les soins convenables. Il serait facile d'y introduire l'usage de la bêche, du rateau, de la houe, de la charrue et du van. Les Fezzanais ne sauraient d'abord comment s'en servir, mais ils l'apprendraient bientôt et en feraient grand cas. On n'y voit aucune espèce de bois de charpente, *ou même propre à faire* des planches. Le palmier est le seul arbre qu'on y trouve, et il est poreux, sec, se casse aisément, et ne dure pas.

Les riches possèdent presque toutes les terres ; ils les font cultiver par des esclaves et par des hommes libres, traités les uns et les autres à peu près de la même manière. A la mort d'un propriétaire, ses biens appartiennent à son plus proche parent : s'il meurt sans héritiers, ou s'il est *condamné à mort*, ses *propriétés passent au* sultan. Tout Fezzanais peut acheter *et vendre :* aucune réserve ni substitution ne l'empêche de disposer des biens qu'il a reçus de ses ancêtres. Le prix d'une terre est ordinairement proportionné au nombre de puits et de palmiers qui s'y trouvent. Quelquefois la terre et les palmiers appartiennent à deux propriétaires différens. Les jardins se cultivent avec une espèce de bêche : on les divise en carrés d'environ trois pieds. Ils sont traversés par de petits canaux d'irrigation. On emploie beaucoup de fumier ; le sol sablonneux des anciens jardins, ressemble beaucoup à la terre végétale. Les travaux pénibles qu'exige la culture de ces jardins, obligent les propriétaires de demeurer sur les lieux, s'ils veulent en tirer quelque profit : cependant, je ne crois pas qu'ils aient à craindre d'être pillés lorsqu'ils sont absens ; mais il est si difficile de trouver des ouvriers honnêtes, fidèles, laborieux et actifs, que chaque propriétaire est obligé de surveiller constamment les travaux qui se font sur ses terres. Quelques jardins sont, depuis plusieurs générations, cultivés par les mêmes familles.

Le gouvernement du Fezzan était autrefois héréditaire dans une famille nègre, qui s'en était emparée il y a environ cinq cents ans. Elle était originaire d'une tribu qui habitait les environs de Fez, dans le royaume de Maroc : Mekni l'a entièrement détruite, et a donné une nouvelle forme à l'administration du pays. Il est absolu dans son pays, qu'il ne gouverne que temporairement ; et à Tripoli, on ne le regarde que comme un particulier. Toute sa puissance repose sur un petit nombre de satellites armés qu'il entretient, sur la crainte du pacha, et surtout sur la terreur qu'il imprime lui-même. Il gouverne avec une verge de fer, punit la moindre faute avec sévérité, et ne connaît d'autre loi que sa volonté. L'argent est l'unique objet de ses désirs, il n'oublie aucun moyen pour extorquer de ses malheureux sujets qu'il opprime, jusqu'à leur dernière piastre. Seul il jouit de l'autorité; celle de ses favoris est toujours très-précaire. Les affaires et les guerres importantes sont soumises au pacha, mais jamais Mekni n'a attendu sa réponse pour agir.

Le cadi, chef suprême de la législation civile et religieuse, paraît avoir, sur le sultan, plus d'ascendant que les autres courtisans, à condition qu'il sera toujours du même avis que son maître. Quelques familles blanches de Mourzouk sont distinguées par le nom de mamelouks. Elles descendent de renégats, dont le pacha avait fait présent aux anciens sultans. Ces familles sont considérées comme nobles, et quelle que puisse être leur pauvreté, elles ne sont pas moins vaines de leur titre. C'est la seule noblesse reconnue dans le Fezzan, à moins qu'on ne veuille y ajouter les chérifs, qui jouissent de grandes prérogatives, comme dans tous les pays mahométans, quoiqu'en général ils ne vaillent pas mieux que les autres. Les cheikhs, les kaïds, les chiaoux, les marabouts, les hadgis (1), enfin tous ceux qui ont de l'argent, des propriétés, et surtout de beaux habits, sont regardés comme des hommes d'importance, et respectés tant que durent leur argent et leurs habits : s'ils viennent à perdre ces avantages précaires, on ne fait pas plus d'attention à eux qu'à des esclaves.

La place de cadi est héréditaire à Mourzouk ; elle est dans la même famille depuis 150 ans. Il ne faut pas de grands talens pour la remplir ; il suffit de savoir lire. A la mort d'un cadi, son plus proche héritier, même très-ignorant, lui succède de droit. Celui qui l'occupe aujourd'hui est un nègre nommé Mohamed el Habib. Il lit assez couramment ; il est très-superstitieux, et écrit des charmes auxquels on accorde une confiance sans bornes. Les principales villes ont un cadi : cette place n'y est pas héréditaire comme dans la capitale. Les principaux habitans, c'est-à-dire ceux qui possèdent des propriétés, sont, par distinction, admis en présence du sultan. Ils ont le pouvoir d'opprimer et de

---

(1) Titre d'honneur qui signifie *saint*, et qu'on accorde dans les pays musulmans à ceux qui ont fait le voyage de la Mecque.

maltraiter leurs inférieurs. Cependant ils accordent à leurs esclaves de grandes libertés. Un esclave, même sans chemise sur le dos, s'assied près de son maître, non pas cependant sur la même natte; il prend part à la conversation, à ses amusemens, et mange même avec lui; mais le décorum ne permet pas cette familiarité, quand le maître est revêtu de ses habits de parade.

Les Fezzanais ne brillent ni par leurs sentimens d'honneur ni par leur courage : ils sont servilement soumis à leurs tyrans. Ils ne sentent pas leur abjection, parce qu'ils n'ont jamais connu la liberté, et qu'ils ont toujours été le jouet des caprices arbitraires de leurs maîtres. Probablement de tels êtres ne chercheront jamais à se rendre libres, et à profiter des avantages que leur offre le désert pour se rendre indépendans de Tripoli. Les Arabes, et surtout ceux de la tribu de Oualed Soliman, dont j'ai déjà parlé, étaient autrefois des maraudeurs intrépides et redoutables : ils sont à présent complétement subjugés. Lorsque le sultan va à Tripoli, et il fait ordinairement ce voyage une fois par an, il laisse le commandement de ses États à son fils aîné, sous la surveillance du personnage qui est en ce moment dans ses bonnes grâces : les ordres de ce jeune régent, ou pour mieux dire, de son gouverneur, sont aussi absolus que ceux de Mekni.

Les forces militaires de Mekni, en y comprenant les Arabes, peuvent monter à 5,000 hommes. Jamais les Fezzanais ne sont appelés pour ses expéditions : il ne les regarde pas comme assez belliqueux pour se fier à eux; mais ils paient cher cette exemption par l'obligation de nourrir et d'entretenir ceux qui portent les armes. Jamais le sultan n'aurait occasion de faire la guerre : mais l'état des peuplades nègres du sud, qui sont sans défense, offre à sa cupidité des tentations trop fortes pour qu'il puisse y résister. Il envoie donc tous les ans une force armée, non pour combattre, car ceux qu'il attaque n'ont pas le moyen de résister à une cavalerie pourvue d'armes à feu, mais pour piller leurs possessions, les réduire en esclavage, brûler leurs habitations, détruire leurs récoltes, massacrer les vieillards et les enfans, enfin leur faire tous les maux possibles. Mekni conduisait souvent ces expéditions; ayant jugé son fils aîné assez âgé pour le mettre à la tête de la dernière, il lui a fait faire une campagne pour apprentissage. Les crimes sont punis au Fezzan des mêmes peines qu'à Tripoli, excepté qu'au lieu de pendre le coupable, souvent on l'étrangle, ce qui plaît davantage au sultan. Si un homme est assassiné, et que l'on ne connaisse pas ses meurtriers, les habitans du lieu où le corps a été trouvé, sont obligés de payer au sultan une amende de 2,000 piastres ; si c'est dans le désert, les tribus voisines sont forcées de contribuer pour fournir une pareille somme. Si le meurtrier reparaît après que l'amende a été payée, il n'est nullement inquiété ; mais il faut observer que, ni le coupable, ni personne de sa famille, ne sont admis à la payer. Il y a plusieurs années que Mekni tua l'agent du consulat d'Angleterre à Tripoli : il s'enfuit, et passa cinq à six mois avec les Arabes ; il revint ensuite à Tripoli et y fut aussi-bien reçu que s'il n'eût eu rien à se reprocher. La famille d'un criminel n'est jamais enveloppée dans son châtiment, c'est-à-dire qu'elle n'est ni déshonorée ni chagrinée ; mais les biens d'un homme condamné à mort étant confisqués, sa postérité est réduite à la mendicité. Une petite fille du dernier sultan légitime vit encore à Mourzouk dans la plus grande misère, n'ayant pour subsister que le grain et les dattes que lui accorde la compassion publique ; ce qui n'empêche pas qu'elle ne soit toujours reconnue pour noble.

Les habitans du Fezzan sont la plupart nègres, et les femmes excessivement laides. Ils ne sont remarquables ni par leur taille ni par leur vigueur, ni par leur agilité; leur figure les fait distinguer assez facilement des autres nègres. Ils ont les pommettes des joues plus saillantes, le visage plus aplati, et cependant le nez moins déprimé et plus pointu. Leurs cheveux sont laineux sans être crépus : ils ont généralement de petits yeux, de belles dents, et la bouche très-large. Les femmes sont nubiles à douze et treize ans. A quinze ou seize leur sein tombe; elles commencent à prendre les traits de la vieillesse. Il est rare qu'elles soient fécondes jusqu'à trente-cinq ans. En général les Fezzanais sont enjoués, aiment la danse et la musique, et cherchent à s'obliger mutuellement. Presque tous les hommes savent un peu lire et écrire, mais c'est à quoi se bornent leur science. Ils sont intéressés, froids et assez indifférens pour tous les événemens de la vie; par conséquent nullement colères ni vindicatifs.

L'hospitalité, vertu généralement pratiquée par les Arabes, est inconnue parmi les habitans du Fezzan. Ils sont pourtant très-attentifs et très-obligeans pour ceux dont ils redoutent l'autorité, ou qui peuvent leur payer au décuple leur prétendu désintéressement. Si un étranger entre chez eux pendant qu'ils prennent leur repas, leur religion leur enjoint de l'inviter à le partager; mais ils savent éluder ce précepte en mangeant à huis clos. Les classes inférieures sont très-laborieuses par nécessité. Indépendamment des devoirs domestiques qu'elles ont à remplir, les femmes s'occupent, comme les hommes, à tirer de l'eau, à travailler dans les jardins, à conduire les ânes; elles font des nattes, des paniers. Les gens d'une classe supérieure, c'est-à-dire ceux qui ont le moyen d'avoir des esclaves qui travaillent pour eux, sont au contraire plongés dans une nonchalance léthargique. Leur caractère moral ne vaut pas mieux que celui des Tripolitains; ils ont même moins de franchise. Ils prétendent que le coran permet le mensonge aux marchands pour leur utilité; cependant aucun d'eux n'a été en état de me montrer le passage qui contient cette permission.

Les marabouts sont encore plus menteurs et plus fripons que les autres, parce que leur réputation de sainteté les met à l'abri du soupçon. J'ai vu parmi ces prétendus saints, quelques hommes véritablement respectables, mais ils sont comme perdus parmi la foule de fripons dont cette communauté se compose. La générosité est une vertu si rare dans le Fezzan, qu'on peut dire qu'elle y est inconnue. Les Fezzanais musulmans, rigides et intolérans, sont de la secte du savant Malek, un des quatre principaux commentateurs du coran; ils s'acquittent des pratiques religieuses avec la plus scrupuleuse exactitude. Les mameloucks, parmi lesquels on nous rangeait, sont autorisés à remplir les devoirs religieux, comme les hanefis, composant la première des quatre sectes ; mais tous ont adopté la forme la plus généralement suivie. La croyance au mauvais œil, aux diables, aux goules, aux génies, aux esprits, est universelle ; l'on regarde les charmes et le jeûne jusqu'au coucher du soleil, comme des sauve-gardes infaillibles contre leur influence.

Indépendamment du cadi qui est à la tête de l'administration religieuse, chaque mosquée est desservie par un iman qui fait la prière et qui prêche, en l'absence du cadi, et par un moueddin ou crieur pour appeler le peuple aux prières, et répondre pendant le service. Le cadi seul jouit de quelques priviléges ; l'iman et le moueddin n'ont rien qui les distingue des autres habitans. Les anciens sultans leur accordaient un salaire ; Mekni l'a supprimé : de sorte que ceux qui ne possédent rien, n'ont d'autre ressource pour vivre que la charité publique. Ils ne jouissent d'aucune influence, et sont indépendans les uns des autres ; l'extérieur de la sainteté leur procure seul du crédit sur l'esprit du peuple ; alors on a recours à eux pour en obtenir des prières ou des charmes qu'ils ont soin de se faire bien payer. Les sciences ni les lettres ne peuvent se cultiver, dans ce pays où le coran et quelques commentaires sur ce livre sont les seuls ouvrages que les musulmans connaissent.

Les *fekhis* sont des gens qui font métier d'écrire des lettres pour les principaux habitans, et de lire celles qu'ils reçoivent; on les paie en grain. Toute la correspondance du sultan passant par les mains de ses fekhis, quoiqu'ils ne soient que des esclaves qu'il a achetés, ils deviennent des personnages importans, et prennent un air de suffisance, parce que leur maître, ne sachant pas lire, ne peut se passer de leurs services. Peu de gens sont en état de lire un autre livre que celui auquel ils ont été accoutumés depuis leur enfance. Le vieil Hadgi Mahmoud, notre voisin, avait un coran dont il lisait quelques pages tous les matins depuis quarante ans; cependant il n'aurait pu en répéter une ligne par cœur. Il ne lisait jamais certains passages sans s'écrier: *Merveilleux! étonnant! Dieu est grand!* comme s'il les voyait pour la première fois. Plusieurs fekhis ont pourtant une meilleure mémoire, et à force de répéter des versets du coran pendant trente à quarante ans, ils finissent par les savoir par cœur.

Quelques ouvriers travaillent fort bien le cuir; d'autres fabriquent des étoffes grossières, forgent en fer des outils lourds, mais solides; un petit nombre façonne l'or et l'argent avec beaucoup d'habileté, si on considère les mauvais outils dont ils se servent. Tout le monde peut être charpentier ou maçon, car les maisons n'étant construites qu'en boue et en bois de dattier, il n'est besoin ni d'habileté ni d'élégance pour ce travail. On a beaucoup d'estime pour les ouvriers en cuir et en métaux, et on les nomme par excellence *sta* ou maître, comme, maître en cuir, maître en fer, etc. Le langage du Fezzan est l'arabe, mais le dialecte diffère de celui qui est usité en Égypte. Les communications fréquentes des des Fezzanais avec ceux du Bornou et du Soudan leur ont fait adopter beaucoup d'expressions de ces deux pays. Les esclaves et leurs enfans parlent constamment la langue du pays d'où ils viennent.

On se sert, pour écrire, des caractères maugrebins, qui sont employés, je crois, dans toute l'Afrique occidentale, et qui diffèrent beaucoup de ceux dont on fait usage dans la partie orientale de ce continent. Les Fezzanais n'ont pas la moindre idée de l'arithmétique; ils comptent en traçant des points sur le sable, et ils en mettent dix à chaque ligne. La plupart seraient à peine en état de dire que deux et deux font quatre. Ils ne concevaient pas comment nous pouvions additionner deux nombres sans le secours de nos doigts.

Ils aiment la poésie, mais ils sont incapables de rien composer qui en mérite le nom. Les Arabes font quelques chansons que les Fezzanais prennent plaisir à apprendre; les femmes chantent assez agréablement quelques airs nègres pendant qu'elles s'occupent à moudre le grain.

Le bas peuple n'a qu'un motif qui le porte au travail, c'est la faim. Il ne songe à faire des épargnes, ni pour l'avantage de sa famille, ni pour sa vieillesse. Si par hasard ce qu'il gagne excède ses besoins, il reste dans l'oisiveté, et ne retourne au travail que lorsqu'il y est forcé par la nécessité.

Les femmes ont plus de liberté et sont mieux traitées dans le Fezzan qu'à Tripoli. Les effets de la polygamie ne sont que trop visibles; et les femmes ne sont pas renommées pour leur chasteté. Néanmoins elles sont esclaves. Jamais un homme ne parle de ses femmes : s'il passe trop de temps dans leur compagnie, il en est blâmé. Jamais il ne mange avec elles. Elles le servent pendant ses repas, et quand il dort elles l'éventent, pour chasser les mouches. Cependant ces pauvres créatures n'ayant jamais connu les douceurs de la liberté ou de l'affection, ne sont pas malheureuses, malgré leur humiliation.

Les pères ont une très-grande autorité sur leurs enfans. Dans la classe supérieure, ils leur permettent rarement de manger ou de s'asseoir en leur présence, avant qu'ils aient atteint l'âge viril. Le bas peuple est moins rigide.

On n'a jamais songé à écrire les annales du Fezzan : les traditions qui s'y sont conservées sont tellement défigurées par le mélange de contes superstitieux, qu'il est impossible d'y ajouter foi. Cependant les habitans eux-mêmes regardent avec un certain respect l'homme qui est capable de raconter l'histoire des anciens temps. On connaît dans le Fezzan les psaumes de David, le pentateuque, les livres de Solomon, et divers fragmens des écritures : on les respecte beaucoup. On lut avec empressement une traduction arabe du nouveau testament que nous avions apportée : l'on n'y trouva à critiquer que le nom de fils de Dieu donné à notre sauveur. Les Fezzanais prétendent que Jésus-Christ avait prédit la venue de Mahomet, mais que saint Paul a effacé cette prédiction ; c'est pourquoi ils traitent cet apôtre sans cérémonie, et l'appellent *kattir*.

La dixième partie de la population de Mourzouk se compose d'esclaves, dont un grand nombre ont été enlevés très-jeunes de leur pays. La condition des esclaves nés dans la maison de leur maître est à peu près la même que celle des hommes libres. Ils sont souvent chargés de toutes les affaires de la famille. Rarement on les vend : quand un membre de la famille à laquelle ils appartiennent, vient à mourir, il est d'usage de donner la liberté à un ou plusieurs esclaves; quelquefois, un sentiment de religion en fait affranchir un à l'occasion d'une grande fête. Quand le peuple était plus riche, cette coutume s'observait à la fête du bairam après le jeûne du ramadan : elle est tombée en désuétude. On voit aussi quelques esclaves recevoir la liberté pour récompense de leurs services.

Une négresse qui a eu un enfant de son maître, ne peut plus être vendue : il faut qu'il pourvoie à ses besoins tant qu'elle vit, ou qu'il la marie à quelqu'un à qui la même obligation est imposée. L'enfant qui naît de ce commerce est libre, son père est tenu de pourvoir à sa subsistance.

L'enfant d'une négresse, né d'un autre que du maître de sa mère, reste esclave, quand même elle serait mariée; l'enfant suit, dans ce cas, la condition de sa mère.

Si une négresse accouche d'un enfant dont le père est esclave d'un autre maître, l'enfant appartient au maître de la mère : celui-ci peut les vendre l'un et l'autre.

Un enfant né d'un esclave et d'une femme libre, est libre comme sa mère.

Souvent un maître permet que ses esclaves se marient entre eux : les enfans qui naissent de ces unions, ne sont pas libres. Quoiqu'il soit permis de les vendre, on s'en fait en général une sorte de scrupule.

L'on croit, à tort, que les Maures et les Arabes ne permettent pas qu'on dessine la figure humaine, parce que le coran le défend, à l'imitation du second commandement du décalogue. Je n'ai jamais éprouvé aucun obstacle à cet égard; on me dit, il est vrai, qu'il était défendu de représenter la figure humaine sur le papier, ou de toute autre manière, parce que les romains ou chrétiens adoraient ces images; mais, quand j'eus expliqué que je n'avais d'autre but, en les traçant, que de conserver la ressemblance de mes amis, toute opposition cessa. Tous ceux qui me voyaient travailler étaient frappés d'une surprise extrême; ils ne concevaient pas, disaient-ils, que je pusse représenter ainsi sur le papier, de petites figures d'homme; ils ne manquaient jamais d'y reconnaître quelqu'une des personnes présentes, malgré la différence qui pouvait exister dans le costume et dans la couleur de la peau. J'excitai même une fois la jalousie du sultan, qui s'était persuadé que le portrait d'une négresse était celui d'une de ses favorites; il me demanda assez brusquement, où et comment je l'avais vue, puisqu'elle était enfermée dans le château, et que seul il pouvait avoir accès auprès d'elle. Ceux qui voyaient un portrait ne manquaient jamais de témoigner leur admiration, en s'écriant : *Allah ! Allah !* et en plaçant la main sur le front. *Voyez*, disaient-ils, en avançant deux doigts sur les yeux, *c'est Abdalla, c'est Mohammed*, etc. *Voyez ses yeux ! ils y sont tous les deux. Dieu est miséricordieux ! quelle merveille ! Auriez-vous cru qu'on pût mettre un homme sur le papier ? Il a un nez, il a une bouche, et voilà le cafetan qu'il a acheté d'Hadgi Mahmoud ! Allah ! Allah !*

Je fis présent à Mekni d'un petit assortiment de médicamens, et je le priai aussi d'accepter un petit alambic que je lui avais prêté, étant bien convaincu qu'il ne me le rendrait pas. Il me l'avait demandé pour faire de l'eau de carvi, mais je le soupçonnais de s'en servir pour fabriquer une liqueur plus à son goût, car il y faisait travailler ses négresses nuit et jour avec beaucoup de mystère. Il avait permis à Belfort d'entrer une ou deux fois dans son harem pour leur apprendre à s'en servir, en le faisant accompagner d'un de ses fils.

Nous avions un plateau vernissé, qui passait pour la plus belle chose qu'on eût jamais vue à Mourzouk. J'en fis présent à Hadgi Mahmoud, qui l'avait souvent admiré, et qui nous amenait ses amis pour nous prier de le leur montrer. Il reçut ce présent avec des transports de joie, et me promit un bélier et une brebis de la race du Soudan, pour les emmener en Angleterre. Sidi Aleioua m'envoya aussi un très-beau chameau qu'il avait monté en revenant du Borgou, et qui était entièrement blanc, et aussi docile que prompt à la course.

Halita, Touarick de la tribu de Benghrasata de Ghraat, un de nos plus intimes amis, me fit promettre, en venant nous dire adieu, qu'à mon retour en Afrique, je passerais par son pays, dont il est chef. C'est le seul des Touaricks que j'aie vu, qui ne fût pas un mendiant sans pudeur. Il me donna de petites cordes faites de cuir d'antilope, très-bien travaillées, et me pria d'accepter, comme une marque de son attachement, le poignard qu'il portait au poignet. Il me donna aussi une selle pour mon chameau, et m'apprit à le monter à la manière de son pays. Je lui offris en retour une livre de poudre à tirer, et nous nous séparâmes, avec des promesses mutuelles de rester toujours amis. La mère d'Youssuf me fit une ample provision de couscoussou et de tikkeri, espèce de gâteau composé de farine, de dattes et d'épices, et m'envoya de très-belles dattes pour mes amis d'Angleterre.

Youssuf m'avait un jour amené un vieillard qui avait été dans le pays d'Achantie. Cet homme me raconta, sur cette contrée et ses habitans, des choses si extraordin ires, que je les regardai comme incroyables. Il ajouta que, sur la côte maritime, il y avait des marchands blancs, et qu'il les y avait vus. Je refusai d'abord d'ajouter foi à ces recits; mais je revins de mes doutes lorsqu'il m'eut donné, sur les usages des hommes qu'il avait rencontrés, des détails qui me prouvèrent que c'étaient des Européens.

Enfin, tout étant prêt pour notre départ, et Mohammed el Lizari ayant obtenu du sultan, non sans difficulté, la permission d'aller à Tripoli, nous prîmes congé de nos amis.

CHAPITRE X.

Visite d'adieux au sultan. — Départ de Mourzouk. — État des esclaves en voyageant. — Sebha. — Nouvelle mariée conduite à son époux. — Détails géographiques sur la vallée de Chiati. — Pâte faite avec des vers. — Manière dont se font les échanges à Temenhint. — Détails sur la ville de Sokna et ses habitans. — Fête du printemps. — Remède contre la fièvre. — Histoire d'une femme de Tripoli.

Le 9 février, à 9 heures du matin, j'allai prendre congé du sultan, qui feignit de verser des larmes, et qui me dit qu'il était aussi chagrin de mon départ, que si j'eusse été son fils. Il me confia son projet d'entrer bientôt dans le Bornou pour se faire reconnaître sultan de ce pays, me pria de revenir bientôt pour l'y accompagner, et pour apprendre à ses sujets à faire le service de ses trois pièces de canon de quatre. On conçoit aisément que je ne lui promis rien sur ce point. Quand je me levai pour partir : *Saïd*, me dit-il, *j'espère que vous reviendrez me voir, car j'ai toujours été votre ami et celui d'Yous-*

suf. Je suis convaincu que vous en rendrez compte à votre sultan, et que vous lui direz que j'ai fait tout ce que vous m'avez demandé. Je l'arrêtai au milieu de ses protestations hypocrites, en m'écriant qu'il ne disait pas la vérité, et lui faisant de la main, un signe d'adieu; je me retirai, non sans quelque mouvement de crainte qu'il ne me traitât comme Hadgi Osman: c'était le principal mamelouck du Fezzan; il s'était opposé à Mekni quand celui-ci s'empara de ce pays. Une réconciliation eut pourtant lieu, et Mekni, mettant la main sur son cœur, protesta de sa vive amitié pour Hadgi Osman, ce qui est son usage envers tous ceux auxquels il veut nuire. A peine Hadgi Osman fut-il sorti, qu'il fut arrêté avec ses deux fils, conduit en prison et étranglé.

Chacun était d'autant plus surpris, que le perfide Mekni me laissât partir tranquillement, que j'avais épousé ouvertement la cause de Mohammed el Lizari, et qu'il savait que celui-ci se proposait de m'accompagner à Tripoli.

Nous partîmes sur-le-champ, suivis de plusieurs de nos amis, et nous fîmes treize milles sans nous arrêter.

Ma caravane se composait de six personnes, Belford, moi, et quatre Arabes, qui conduisaient huit chameaux chargés. Nous avions de plus deux autres chameaux pour monture, un bélier et une brebis, et mon cheval. Celle de Mohammed consistait en 19 esclaves, dont 16 femmes et 3 hommes, sa négresse, quatre chameaux chargés, deux Arabes, et le meherry, ou chameau, qu'il montait.

Le lendemain, nos amis prirent congé de nous. Youssuf et Hadgi Mahmoud versaient des larmes en nous quittant. Barca, le jeune nègre qu'Youssuf nous avait prêté si long-temps, était inconsolable. J'aurais désiré l'emmener avec moi; mais, à mon grand regret, son maître refusa de me le vendre, quoique je lui offrisse mon cheval en échange. Nous rejoignîmes, dans la journée, le chérif Sadig, qui était parti un peu avant nous. Il avait avec lui sept esclaves, dont quatre jeunes filles et trois hommes, quatre chameaux et trois Arabes. Je joignis mes provisions à celles de Mohammed : sa négresse, qui était très-bonne cuisinière, nous préparait chaque jour un fort bon repas.

Si je m'étais fié aux promesses de Mekni, j'aurais couru le risque de mourir de faim en route. Il m'avait répété fréquemment que je n'avais pas besoin de faire des provisions, parce qu'il avait donné ordre à ses esclaves de me préparer du couscoussou, de la farine et de la viande séchée. Il devait aussi m'envoyer un ordre pour me faire fournir des vivres sur toute la route. Mais il ne tint aucune de ses promesses, et ce fut une nouvelle preuve de sa fausseté.

Nous voyageâmes toute la journée sans rencontrer un être vivant, sans apercevoir le moindre signe de végétation. Les nègres et négresses portaient leurs habits de voyage, qui étaient neufs et propres. Tous les maîtres ne prennent pas les mêmes soins de leurs esclaves; mais pendant l'hiver, les marchands, craignant les effets de la mauvaise saison, sont plus attentifs à leurs besoins, consultant en cela leur intérêt: car le manque de vêtemens convenables fait maigrir les négresses, et une négresse maigre perd beaucoup de son prix. On s'inquiète moins des nègres, qui n'ont, pour l'ordinaire, qu'une chemise et un barracan. Tous portent des sandales de cuir de chameau. Les femmes marchent ensemble, les hommes suivent les chameaux, et les enfans hors d'état de marcher, sont jetés dans les paniers du bagage; s'ils ont cinq à six ans, il faut qu'ils suivent à pied comme les autres, dût-on marcher pendant 14 ou 15 heures sans s'arrêter, ainsi que je l'ai vu plus d'une fois. A une heure, on les abreuve comme des bestiaux, on met sur le sable de grande jarres pleines d'eau; ils s'agenouillent pour boire. On leur distribue leurs vivres avant de songer au repas de leurs maîtres. C'est ordinairement une portion de basine de la grosseur des deux poings pour chacun, et un vase rempli de graisse et de poivre, dans lequel ils trempent leur pâte de temps en temps. Après avoir soupé, ils se couchent par terre, les femmes d'un côté, les hommes de l'autre, sans autre couverture que des sacs.

Le 12 février, au point du jour, l'eau était gelée. Les pauvres nègres souffrirent beaucoup du froid.

Le 13 février, nous arrivâmes à Sebha vers deux heures. Dans la soirée, tout le village s'assembla hors des murs pour conduire, en grand cortége, une nouvelle mariée chez son époux. Une espèce de cage, très-haute, était placée sur le dos d'un chameau, et couverte de challs, de tapis, et de plumes d'autruches, et la mariée était assise dans l'intérieur. Un de ses parens conduisait le chameau ; il était précédé par des instrumens de musique, des danseuses, et des Arabes à pied et à cheval courant au-devant du cortége, revenant ensuite sur leurs pas, poussant de grands cris, et faisant des décharges de mousqueterie. L'époux marchait en avant d'un air grave, tenant en main un éventail, vêtu avec une élégance grotesque et les doigts teints d'*henné*. Le cortége fit le tour du village et des jardins, puis se rendit à la maison du mari. L'air retentit toute la nuit de chants d'allégresse, et l'on nous envoya des provisions.

Comme j'ai eu plus d'une fois occasion de parler du Chiati, je saisirai cette occasion pour dire que c'est un territoire à l'ouest de Sebha. Il est situé dans un ouadey, qui contient plusieurs villes, s'étend à peu près de l'est à l'ouest, et se divise en ouadey Chirghi ou oriental, et ouadey Ghrarbi ou occidental.

On trouve les villes suivantes dans le ouadey Chirghi, en venant de l'est. Achkiddi, Ghidi, Gouelhas, Brak, qui est la plus grande de ces villes, et qui est à deux tiers de journée de Sebha et à dix journées de Gharian; Zouïat, Tamzaoua, Gousser-Sallam, Aggar, Maharouga, el Gourdha, Tarout, Gouta, Berghin, Temissan, et Iddri, qui est un grand village, et le lieu le plus occidental du ouadey, à deux journées de Brak et à huit de Ghadams. De ce canton dépend un autre ouadey, parallèle, nommé el Agraal; il contient les villes suivantes: el Aliad, el Hamra, Khalifa, Bendoubaïa, Zoucida, Ergabi, Tanahmi, Gousser-Saad, Gousser-Chaïda, et Kharaig.

Du ouadey Ghrarbi dépendent, toujours en venant de l'est, Iddri, Figaigi, Kirtibi, Garra-Garra, Touache, Tevina, Germa, autrefois capitale du Fezzan, Gharaifa et Oubari : cette dernière est à sept journées à l'est-nord-est de Ghraat, et à deux grandes journées d'el Abiad, qui est à une journée de Sebha.

Les habitans de ces ouadeys sont des nègres et des mulâtres, comme à Mourzouk : il se trouve parmi eux des Arabes. Les villes, ou pour mieux dire les villages, renferment de 50 à 200 maisons : un grand nombre ne sont que des huttes construites en branches de palmiers. Ces Fezzanais sont fort pauvres aujourd'hui : ils étaient riches du temps de Oualed Soliman, qui résidait fréquemment au milieu d'eux.

Les étangs d'eau stagnante du ouadey Chiati sont remplis de petits vers de la grosseur d'un grain de riz. On les pile dans un mortier avec un peu de sel jusqu'à ce qu'ils forment une pâte dont on fait des boulettes de la grosseur des deux poings, qu'on laisse ensuite sécher au soleil. Ces vers, qu'on nomme *doud*, sont recherchés par les pauvres gens, qui en mêlent à la sauce de l'asida. Ils ressemblent, pour le goût, à de mauvais caviar, et l'odeur en est très-désagréable. Mais l'habitude et la nécessité sont, en ce pays, plus fortes que tous les préjugés ; je finis bientôt par m'accoutumer à ce mets particulier, qui est souvent impregné de sable. Les Fezzanais le regardent alors comme plus salubre. Une ou deux familles gagnent leur vie à préparer ces vers pour les porter à Mourzouk et dans les villes voisines.

Le 14 février, le chameau de Belford boitant, et ne pouvant suivre les autres, je lui fis mettre le feu aux jambes. On se sert pour cette opération d'un fer rouge, fort mince et courbé, de manière à pouvoir le tourner facilement autour du pied. On en a de formes et de dimensions différentes, suivant la partie qu'il s'agit de brûler.

Le lendemain, nous arrivâmes à deux heures à Temenhint. Nous avions besoin d'acheter de la paille pour nos chameaux. Je vis dans ce lieu un mode d'échange que je ne connaissais pas encore. Le vendeur indique à l'acheteur l'objet qu'il désire en échange de sa marchandise. Si c'est un liquide, comme de l'huile ou du beurre fondu, il apporte un vase, et y verse une quantité d'eau qui doit être remplacée par une pareille quantité de la chose qu'il demande : si c'est un corps solide, comme du *chahm*, qui est une espèce de graisse salée qui, par l'odeur et le goût, ressemble beaucoup au suif, il présente une pierre de la grosseur de la portion de chahm qu'il veut avoir. Si l'acheteur trouve la demande exorbitante, il répand une partie de l'eau, ou présente une pierre plus petite; et cette opération se répète jusqu'à ce que les deux parties soient d'accord.

Le 24, nous arrivâmes à Sokna. Avant d'y entrer, nous rencontrâmes une centaine d'amis de Mohammed el Lizari, qui venaient au-devant de lui. Il était, ce que nous pourrions appeler kaïd honoraire de cette ville; car il y avait autrefois rempli cette place. Il me présenta à eux comme son ami, et j'en reçus le meilleur accueil. On nous logea, Belford et moi, dans une des meilleures maisons de la ville; mais, malgré les attentions qu'une partie des habitans eut pour nous, la curiosité des autres nous fut cruellement à charge. Les enfans surtout ne nous laissaient pas un instant de repos. Ils entraient par douzaine dans notre chambre pour nous examiner à leur aise, et voir s'ils ne pourraient rien nous voler. Je ne pus m'en débarrasser qu'à l'aide du fouet dont je me servais pour conduire mon chameau, encore restèrent-ils assemblés devant la porte en poussant de grands cris, et en vomissant des imprécations.

Quelques hommes plus âgés ne furent pas moins importuns: c'étaient les mendians les plus impudens que nous eussions encore rencontrés. L'un nous demandait de la poudre; l'autre des pierres à fusil; celui-ci un couteau, celui-là des ciseaux. Nous fûmes obligés de recourir à la force pour les mettre à la porte.

Dans presque toutes les maisons de Sokna, on trace, avec de la poudre mouillée, une ligne noire sur les murs intérieurs des principales chambres. Cette précaution a pour but, si la maîtresse de la maison accouche d'un enfant mâle, d'empêcher Eblis ou le diable, d'y entrer pour lui nuire ou le tourmenter, ou, ce qui est encore pire, pour le faire loucher.

Toutes les mères, et en général tous les habitans, étaient en ce moment dans de grandes alarmes. On savait qu'un Elfilly, ou Arabe de Beniolid, rodait dans les environs, et cherchait à s'emparer d'un enfant pour le tuer et le manger. Ce misérable était attaqué d'une espèce de chancre qui lui avait rongé le nez et l'avait complétement défiguré : quelqu'un lui avait prescrit, ou il avait imaginé lui-même cet abominable remède. Il était donc aux aguets pour s'emparer d'une jeune victime afin de se frotter de son sang, et ensuite manger sa chair. Il avait réussi, peu de jours auparavant, à surprendre une petite fille de deux ou trois ans; on était parvenu à l'arracher de ses mains presque au même instant. On l'avait vu reparaître dans le voisinage, et tous les Arabes de Sokna étaient convenus de faire feu sur lui, comme sur une bête féroce, s'ils le rencontraient.

Les Arabes Elfillis ont en général une mauvaise réputation : ce n'est pas sans motif; car elle renferme les plus effrontés voleurs, les mendians les plus déterminés de tout le pays.

Le 28 février, passant pour le premier jour du printemps, est un jour de réjouissances. C'est la coutume de dresser de petites tentes sur le toit des maisons, et de les orner de tapis, de challs, de dgerides, etc. Un mouchoir de couleur éclatante placé au bout d'une perche, comme un étendart, complète la décoration. Les enfans passent la journée à boire, à manger et à jouer sous ces tentes. On les entend chanter: *O printemps, sois le bien venu, et apporte-nous la joie et l'abondance.* Du haut de notre maison nous voyions s'élever toutes ces petites tentes, qu'on nomme *goubba;* elles produisaient un effet agréable. Les femmes célèbrent aussi cette journée par une fête dans l'intérieur des maisons.

Je vis ce jour-là quelques épis de blé parfaitement mûrs, ce qui était de bonne heure pour la saison. Les jardins de Sokna sont les plus fertiles et les mieux cultivés de tout le Fezzan. Ils sont entourés de murs de terre. On y a apporté depuis peu des citronniers de Tripoli; mais ils sont encore trop jeunes pour produire des fruits. Les dattes y sont fort belles ; quelques espèces sont particulières au pays.

Jamais il n'est venu à l'idée d'un Arabe que le lait fraîchement tiré puisse être meilleur que lorsqu'il est aigri. Pendant mes diverses maladies, je fis plusieurs tentatives pour m'en procurer ; jamais je ne pus en obtenir. Quand je m'en plaignais, on me répondait : *Nous venons de le tirer à l'instant, mais nous l'avons mêlé avec d'autre pour le rendre meilleur.* Chaque fois qu'ils ont trait leurs bestiaux, ils ne manquent jamais de mêler le lait nouveau avec l'ancien. Je n'en goûtai qu'une seule fois pendant tout le temps de mon séjour dans le Fezzan, ce fut à Sokna. Ayant guéri une femme qui avait mal aux gencives, son mari me fit présent de miel du Soudan, de viande, etc. ; et, ce qui me sembla plus précieux, d'environ une pinte de lait, fraîchement tiré, et sans aucun mélange.

On trouve dans les jardins de Sokna deux espèces de rats, l'un noir, qui se creuse un terrier, l'autre jaune, qui habite dans les branches de palmiers. Je promis une piastre pour deux animaux vivans de chaque espèce. On ne m'en apporta qu'un petit de la première. Sa tête ressemblait à celle d'un blaireau, sa queue était longue et touffue. Belford et moi nous parvînmes à lui faire une cage d'une grande boîte à thé en étain, désirant l'emporter en Angleterre, de même que trois autres animaux que les Arabes nomment *dthoub*, qui ressemblaient beaucoup à des lézards. Leur forme est moins élégante, et leurs mouvemens plus lents. Leur queue est large et couverte de pointes écailleuses. Ils ont la faculté de se suspendre par leurs pattes de devant, formées de manière à pouvoir embrasser les petits objets. Ils ressemblent, par la tête et le museau, à une tortue à bec crochu. Ils changent de couleur à peu près comme les caméléons. Nous découvrîmes aussi que le rat peut grimper le dos en bas.

La monnaie courante, à Sokna, est celle de Tripoli, ce qui cause un grand préjudice aux habitans ; car, Mekni exigeant le paiement des taxes en piastres d'Espagne, ils sont obligés d'en acheter, et les paient fort cher, attendu que la monnaie du pacha est presque sans valeur.

On n'enterre pas les dattes à Sokna, comme dans la plupart des villes du Fezzan. On les conserve dans des magasins ; c'est pourquoi elles ne sont pas mêlées de sable. Elles y attirent une si grande quantité de mouches, que les murs de notre maison en étaient couverts ; elles tombaient par poignées dans tout ce que nous mangions ou buvions.

J'ai remarqué que dans nos marches, parmi les esclaves, les hommes se fatiguaient beaucoup plus vite que les femmes. Celles-ci marchaient toujours en chantant et avec gaieté. Lizari avait quatre jeunes négresses, dont la plus âgée n'avait que huit ans, elles étaient sans cesse à courir et à jouer ensemble; et la plus jeune, qui n'avait que quatre ans, ne semblait pas plus fatiguée après une journée pénible, qu'en se mettant en route le matin.

Pendant notre séjour à Sokna, ayant éprouvé plusieurs attaques de fièvre, je me fis frotter tout le corps d'une mixtion que les Arabes regardent comme souveraine en pareil cas. Elle me salit horriblement la peau, mais j'en éprouvai du soulagement. Elle était composée d'une petite graine aromatique dont j'ai oublié le nom, de lavende et de clous de girofle, le tout réduit en poudre et mêlé avec de l'huile et du vinaigre. Mon médecin, en cette occasion, fut une femme de Tripoli, qui s'était sauvée de cette ville pour échapper à la mort.

Il y avait environ dix-huit mois que le pacha surprit un soir ses négresses, se divertissant avec quelques-unes de leurs amies; elles se livraient à une gaieté plus que bruyante, et étaient complètement ivres. En le voyant, toutes les étrangères prirent la fuite, à l'exception de cette Tripolitaine, et d'une esclave noire. Le pacha fit couper la tête de cette dernière à l'instant même, menaça ses femmes de les traiter de la même manière, et fit donner la bastonnade à la femme blanche nommée Selime, après quoi il lui permit de se retirer. Bientôt après il se repentit de l'avoir traitée avec trop de clémence, et donna ordre de l'étrangler. Elle s'était si bien cachée, qu'on ne put la trouver ; et après avoir erré quelque temps, elle se rendit à Mourzouk. Sa santé ayant toujours été mauvaise dans cette ville, elle était résolue à retourner à Tripoli, quelque danger qu'elle pût y courir. Je lui promis d'intercéder en sa faveur auprès du pacha ; et comme elle était extrêmement faible, je la fis monter sur mon chameau. Nous partîmes de Sokna le 2 mars. A peine avions-nous fait deux ou trois milles, que je m'aperçus que mon chameau boitait beaucoup, et était hors d'état de la porter. Aucun des conducteurs de chameaux ne voulut permettre à cette malheureuse d'y monter avec lui, quoique je leur offrisse trois piastres pour son voyage ; ils disaient que ces animaux étaient déjà trop chargés, et comme il était impossible à Selime de faire la route à pied, elle reprit, à son grand regret, le chemin de Sokna.

La veille de notre départ, on m'avait apporté un rat jaune à ventre blanc. Je le mis dans la même cage que le rat noir que j'avais déjà. Mais le lendemain matin, je trouvai que celui-ci avait tué son nouveau compagnon, et en avait même dévoré une partie.

CHAPITRE XI.

Arrivée au château de Bonjem. — L'auteur s'égare dans le désert. — L'instinct de son cheval lui fait retrouver la caravane. — Ouadey de Zamzam. — Château de Zalitna. — Ruines. — Fertilité des environs. — Chanson dramatique chantée par trois négresses. — Lébida. — Restes d'un aqueduc. — Soif ardente éprouvée par l'auteur. — Téjoura. — Retour à Tripoli. — Observations sur les négresses esclaves. — Description générale du désert. — Illusions qu'il offre à la vue. — Arrivée à Livourne. — Propositions faites à l'auteur de la part du pacha d'Égypte. — Arrivée à Londres.

Pendant les trois premiers jours de notre voyage, nous fûmes fort incommodés par le vent, qui élève le sable en immenses tourbillons, et dont j'ai parlé ailleurs. Il se fait sentir par rafales. Nous n'avions alors d'autre parti à prendre que de nous jeter ventre à terre, en nous levant de temps en temps pour secouer le sable sous lequel nous aurions fini par être enterrés.

Le 7, nous arrivâmes au château de Bonjem : nous fûmes toutes la route sur le qui-vive, parce que nous apprîmes qu'une troupe d'arabes El-filly rodait dans les environs. Campés dans un petit bois de palmiers qu'on apercevait du puits de Bonjem, ils attaquaient et dévalisaient tous les passans. Ils avaient fait des incisions à tous les arbres pour se procurer du vin de palmier, et se nourrissaient de la chair des chameaux dont ils pouvaient s'emparer. Un enfant qui paraissait fort rusé, vint au puits, sous prétexte d'y remplir son outre d'eau, mais probablement pour faire une reconnaissance. Son rapport fit sans doute connaître que nous étions bien armés, car notre tranquillité ne fut pas troublée.

Je remarquai que tous les environs du puits de Bonjem sont infestés d'une immense quantité de tiques qui attaquent également les hommes et les animaux, et dont la morsure est assez douloureuse.

Le 9, dans la matinée, je me trouvai tellement incommodé, que je fus obligé de m'arrêter pour prendre un peu de repos. Quand je me trouvai mieux, je remontai à cheval, et je suivis les traces que les chameaux avaient laissées sur le sable : mais le gravier succéda bientôt au sable, et je n'aperçus plus aucun vestige. Je continuai de marcher, dans l'espoir d'en retrouver bientôt, mais j'avais devant moi des montagnes escarpées, qui se ressemblaient toutes, et je ne pouvais savoir dans quel défilé la caravane avait passé. Je montai sur la plus élevée, et je ne vis ni hommes ni chameaux. Je tirai un coup de fusil, personne ne me répondit. Ma situation devenait embarrassante; je commençai à concevoir de l'inquiétude, car j'étais menacé d'une mort lente et douloureuse, si je ne parvenais pas à rejoindre la caravane.

Je n'avais pas la moindre provision; ma poire à poudre était malheureusement restée sur mon chameau. Je vis, en consultant mon livre de notes, que, quelque route que je suivisse, soit en retournant sur mes pas, soit en avançant, j'avais deux journées de chemin à parcourir, avant d'arriver à un puits. Il était impossible que mon cheval vécût deux jours sans boire: d'ailleurs, même dans le cas où j'aurais le bonheur de trouver de l'eau, je me serais vu dans la nécessité de tuer mon cheval pour en manger la chair et prolonger mon existence, en attendant que des voyageurs vinssent me tirer d'embarras. Cette chance était bien incertaine, car la route que nous suivions était peu fréquentée. Une impulsion soudaine me porta à m'en rapporter à l'instinct de mon cheval. Je lui laissai la bride sur le cou; il se tourna sur-le-champ d'un côté opposé à celui que je regardais comme menant à la bonne route.

Abandonné à ce guide, je me livrais à des réflexions bien mélancoliques, lorsque j'apercus tout à coup des traces de chameau, et vis que j'étais dans une vallée où croissaient un assez grand nombre de ces arbres nommés talh. Il est plus aisé au lecteur de se figurer, qu'à moi d'exprimer ce que j'éprouvai en ce moment. Je rejoignis la caravane après quatre heures de marche. On y était extrêmement alarmé à mon sujet. On craignait que je ne me fusse trouvé mal, l'on avait envoyé deux hommes avec un chameau chargé d'eau et de provisions pour me chercher de tous côtés. Je les rencontrai à quelque distance de la caravane : celle-ci avait fait halte deux heures plutôt qu'elle ne se le proposait, pour m'attendre.

Le 11 mars, à midi, nous entrâmes dans la vallée de Zamzam, nous y trouvâmes un puits qui paraît être de construction romaine, il avait quatre-vingt-quatre pieds de profondeur : l'eau en était salée, putride. Ce ouadey est très-étendu ; il se prolonge du sud-ouest au nord-est jusqu'à Taourgha, sur les bords de la mer.

Le 16, il plut à torrens. Nous campâmes sur une hauteur près d'un ouadey, qui ne tarda pas à être inondé. Dès que la pluie eut cessé, je sortis de la tente avec Belford, et nous agenouillant par terre, nous bûmes de l'eau fraîche pour la première fois depuis notre départ de Tripoli, et avec plus de plaisir que jamais gourmet n'en a éprouvé en savourant le vin le plus délicieux. Les nègres tuèrent un serpent de sept pieds de longueur : il était si mutilé qu'il me fut impossible d'en conserver la peau.

La pluie continua le lendemain ; ce qui ne nous empêcha pas de parcourir vingt-quatre milles dans cette journée. Toute la nuit, nous entendîmes le bruit des torrens qui descendaient du haut des montagnes. Nous donnâmes asile sous notre tente à toutes les malheureuses négresses qu'elle put contenir, et qui, sans nous, auraient été obligées de rester exposées à l'inclémence du temps. La matinée du 18 fut belle, l'on en employa une partie à sécher les habits, et à oindre d'huile les esclaves. A midi, nous arrivâmes aux jardins et aux champs de blé de Zalitna. C'est un pays plat : des espaces qui avaient quelquefois un mille de longueur, semblaient avoir été couverts d'eau pendant toute la nuit. Le terrain était si glissant, que plusieurs chameaux chargés tombèrent; l'on eut beaucoup de peine à les relever. Jamais cet animal ne tombe ni ne trebuche sur un terrain sec, même sur les rochers ; il a le pied sûr ; mais sur un terrain humide, il semble sentir que cette nature de sol ne convient pas à son pied, il tremble et glisse à chaque pas.

Ce ne fut qu'après avoir essuyé encore deux ou trois ondées de pluie, que nous arrivâmes au *gusba* ou château de Zalitna. Mes compagnons de voyage choisirent les chambres dont les plafonds semblaient à l'épreuve de la pluie : Belford et moi nous préférâmes dresser notre tente dans la cour, pour éviter la multitude de puces qui fourmillent dans tous ces bâtimens. Les maisons de cette ville sont éparses parmi des plantations de dattiers et d'oliviers qui couvrent un terrain de trois à quatre milles d'étendue.

Avant d'y arriver, j'avais remarqué les ruines de deux édifices de construction romaine, à environ un mille au nord-est sud-ouest l'un de l'autre. Dans l'un on trouve les fondations de deux ou trois chambres et les bases de plusieurs grosses colonnes. Dans l'autre on voit quelques niches carrées, pratiquées dans un pan de muraille. Quelques-unes des pierres qui composent ces bâtimens, ont sept pieds de longueur sur trois de largeur, et semblent jointes par des mortaises.

Zalitna a le bonheur de posséder les restes d'un illustre marabout, dont la sépulture est dans une belle mosquée, ornée de minarets et de coupoles, et dont tous les murs sont peints en blanc. Ce saint se nommait sidi Abd el Salam. Ses descendans sont en grande vénération : on leur donne le nom de Oualed el Cheikh, c'est-à-dire « Enfans de l'Ancien ». Ils se croient autorisés à être les plus impudens mendians de toute la régence de Tripoli. J'étais sur le point d'employer la force pour chasser de ma tente un de ces coquins qui me fatiguait de demandes, et qui ne voulait pas comprendre le monosyllabe *non* ; quand heureusenent Lizari survint, et m'empêcha de commettre cette imprudence. Il me dit ensuite qu'autant aurait valu que j'eusse chassé de chez moi un descendant du saint Prophète.

Tout le pays des environs est une plaine fertile qui produit du blé, des dattes et des olives. Le château dans lequel nous logions, est de construction arabe : il est bâti de terre et de gravier. Les chambres sont distribuées autour d'une grande cour ; les toits servent de plate-forme pour une couple de canons de quatre. On y tient deux marchés par semaine ; l'un le vendredi, en face du château ; l'autre le mardi, près du tombeau du marabout. Ce territoire est gouverné par un mamelouk du pacha qui porte le titre de kaïd. De même qu'à Tripoli, tout le commerce y est entre les mains des juifs, qui font toutes sortes d'affaires. Ce sont eux qui distillent l'eau-de-vie de dattes ; ils en trouvent un bon débit si j'en juge par la quantité de gens ivres que je vis sur la place du marché. Quelques petits navires apportent des marchandises à Zalitna; mais, comme il ne s'y trouve pas de rade, ils jettent l'ancre au large quand le vent vient de terre. Des montagnes de sable, situées à un mille de la ville empêchent d'apercevoir la mer.

J'eus le malheur de perdre en cette ville mon rat noir que j'avais réussi à apprivoiser. Il avait l'air souffrant, je le tirai de sa cage, et l'enveloppai dans mon barracan pour le réchauffer. Ce remède opéra si bien, qu'il recouvra assez de force pour s'enfuir.

Nous devions partir le 20 de Zalitna, mais la provision de farine pour les esclaves n'étant pas terminée, le départ fut remis au lendemain. Je m'amusai beaucoup des chants des négresses qui étaient occupées à moudre le blé. Elles chantaient en chœur des airs de leur pays, dont le caractère sauvage n'était pas sans beauté : elles marquaient exactement la mesure avec leurs pilons de bois. Voici comme on m'expliqua une chanson que chantaient trois jeunes filles qui pilaient du grain dans le même mortier, et dont tous les mouvemens se réglaient sur la musique. D'abord elles pilaient lentement, l'une d'entre elles disant aux deux autres qu'elles devaient prendre courage; que les guerriers seraient bientôt de retour, et que leurs amans reviendraient chargés de trophées. Prenant alors une mesure plus vive, elles entonnèrent un chant de triomphe pour célébrer le retour des guerriers. Tout à coup elles battirent à coups redoublés, sans suivre aucune mesure, et en faisant entendre le chant aigu et perçant par lequel on déplore la mort d'un parent. Ensuite cessant de piler, elles chantèrent un trio dans lequel deux d'entre elles s'efforçaient de consoler celle qui était censée avoir perdu son amant et semblait inconsolable. Enfin elles convinrent d'avoir recours à la magie pour savoir s'il était mort honorablement. Elles supposèrent qu'une chèvre avait été tuée, que chacune d'elles en examinait les entrailles. Enfin elles y découvrirent quelque signe heureux, et terminèrent leurs chants par un chœur en agitant de nouveau leurs pilons. Leur maître vint alors leur défendre de chanter. Je le priai en vain de leur permettre de continuer; il me répondit qu'elles chantaient des sortilèges, et qu'elles étaient kaffirs ou infidèles, comme avant d'avoir embrassé la loi du prophète.

Le 21 à huit heures du matin, nous quittâmes le château de Zalitna. Vers midi, nous vîmes quelques restes d'un superbe aqueduc qui se prolongeait autrefois jusqu'à Lébida. De petits bâtimens situés à quelque distance les uns des autres, semblaient avoir été des regards communiquant avec l'aqueduc, et indiquer la ligne qu'il suivait jusqu'à Lébida. A deux heures, je me séparai pour quelques heures de la caravane pour aller voir les ruines de cette ville : mais comme j'étais encore faible et hors d'état de gravir les collines de sable qui les entourent, je n'examinai qu'un petit nombre d'édifices. Le phare me parut le plus extraordinaire. D'autres ruines qui ont jadis été des châteaux forts, composent des masses immenses de pierre.

Le pays entre les collines de sable et la mer le long de laquelle Lébida est situé, est fertile et très-bien cultivé : son aspect est ravissant. Les restes des fondemens des murailles sont gigantesques ; on voit encore des colonnes d'une dimension colossale. Ne pouvant donner à mes recherches tout le temps nécessaire pour les rendre intéressantes, et ce lieu ayant été visité et décrit par des hommes plus instruits que moi, je ne cherchai pas des inscriptions. Mon excursion quoique très-courte me fit grand plaisir. Je rejoignis mes compagnons à sept heures.

Le lendemain à neuf heures, après avoir traversé des montagnes revêtues d'une belle verdure, nous trouvâmes un puits de construction romaine, situé au pied d'un vieux château avec lequel il paraissait avoir une communication souterraine qui servait sans doute en temps de guerre. Il est situé dans un ravin étroit et profond que commande le château. Nous vîmes des champs bien cultivés, des enclos plantés en vignes et en figuiers; enfin des troupeaux nombreux paissant dans la plaine. Le chameau de Lizari étant tombé de faiblesse, il le fit tuer; la chair en fut distribuée à toute la caravane. On me fit entendre que je devrais en faire autant du mien qui boîtait toujours; mais je fis la sourde oreille, pensant que j'en pouvais encore tirer quelque service. Plusieurs Arabes errans vinrent prendre leur part de notre repas, et nous fûmes obligés de les avertir que, lorsqu'il ferait nuit, nous ferions feu sur tout étranger qui s'approcherait de notre caravane. Un cheikh nous envoya quelques oranges que nous dévorâmes avec avidité sans nous donner le temps d'en ôter l'écorce.

Je me trouvai si mal le matin que je fus encore obligé de m'arrêter avec le chameau que je montais, et de m'étendre par terre. Au bout de quelques instans, j'éprouvai une soif insupportable; un bon Arabe, qui était resté avec moi, courut à deux milles pour me procurer de l'eau. Il fut si long-temps absent que je désespérais de le voir revenir. Ma fièvre augmenta, et ma soif s'accrut en même temps. Il me semblait que je n'avais d'autre alternative que de boire ou de mourir. Voyant en ce moment mon chameau faire de l'eau, je me traînais vers lui pour avaler quelques gouttes de cette boisson dégoûtante, quand je vis mon fidèle

Arabe descendre d'une montagne et accourir vers moi. Il faut avoir connu l'agonie de l'attente, et avoir souffert les tourmens d'une soif brûlante, pour juger des sensations que j'éprouvai quand il me présenta l'eau qu'il m'apportait dans une peau de chèvre. Elle était bourbeuse, cependant il me sembla que je n'avais jamais rien bu d'aussi délicieux. Au bout de trois heures, la fièvre me quitta. Nous partîmes, et nous rejoignîmes la caravane qui s'était arrêtée près du ouadey el Mesid, ruisseau qui coule à travers des montagnes escarpées et sablonneuses.

Le lendemain, à trois heures, un homme que j'avais envoyé en avant pour prévenir le consul d'Angleterre de notre arrivée, vint annoncer qu'il se proposait de venir à ma rencontre. Nous entrâmes à quatre heures dans Téjoura ; j'étais sur un chameau, regardant sur la route si le consul arrivait, quand je le vis s'avancer au galop avec ses deux fils, le docteur Dickson et MM. Carstensen. Je mis pied à terre sur-le-champ, mais je fus obligé de les arrêter, car aucun d'eux ne nous aurait reconnus ni Belford ni moi, tant nous étions changés. Nous dressâmes notre tente près de la grande mosquée, et nous passâmes la soirée fort agréablement. Les fils du consul restèrent avec moi, les autres retournèrent à Tripoli. Nous eûmes un bon souper arabe préparé par la négresse de Lizari, et nous fûmes assez *kaffirs* pour nous régaler d'excellent vin.

Le samedi 25 mars, nous entrâmes dans Tripoli, un an précisément après en être partis. Malgré la joie que j'éprouvais en me retrouvant au milieu de mes amis; ce ne fut pas sans un sentiment de regret que je fis mes adieux à mes compagnons de voyage, dont plusieurs devaient aller, les uns à Tunis, les autres en Turquie. La gaieté, la bonne humeur et les chants des pauvres négresses avaient contribué à alléger mes souffrances et mes fatigues; je n'avais pu être insensible à la gratitude qu'elles exprimaient pour les petits services que je pouvais leur rendre. Même, quand elles étaient si épuisées, qu'elles pouvaient à peine se soutenir, ces pauvres créatures ne montraient ni tristesse ni découragement. Le premier couplet que chantait l'une animait toutes les autres, qui, sur-le-champ, faisaient chorus. Leur patience était à toute épreuve, et la manière dont elles enduraient la soif était vraiment extraordinaire. Certains maîtres ne distribuaient qu'une fois par jour de l'eau à leurs négresses; elles n'en étaient pas moins enjouées.

Je m'amusais souvent à observer les peines qu'elles se donnaient pour se parer à leur manière. Leur amour pour la parure n'avait pas besoin d'être entretenu par l'admiration des spectateurs. Souffrant des privations de toute espèce, fatiguées par un long voyage, elles s'occupaient à convertir en ornemens les coquillages et les graines qu'elles trouvaient; celles qui avaient des anneaux, des colliers ou des boucles d'oreille, ne manquaient jamais de les mettre quand on faisait une halte; elles avaient grand soin de se laver et de se frotter le corps d'huile toute les fois qu'elles en avaient l'occasion.

Plusieurs avaient un instrument nommé *zantou*. C'est une gourde longue et creuse, percée à chaque bout. On en joue en le frappant contre la jambe, et en en bouchant de temps en temps l'un des trous avec la paume de la main. Quand une troupe avait quelque avance sur la caravane, et qu'on s'asseyait pour se reposer, les zantous étaient mis en mouvement, et on les accompagnait de quelques airs nationaux.

On trouve dans le désert un arbrisseau que les nègres nomment *voussavoussa*. Les feuilles qui, pour la figure, ressemblent à celles du buis, sont tendres, et ont une saveur très-salée. Les esclaves en cueillaient partout où ils en trouvaient, et les faisaient bouillir avec ce qui devait faire leur repas du soir.

Dans quelques ouadeys, on trouve un buisson

épineux qui porte de petits fruits noirs d'un goût assez agréable, et d'une vertu astringente. Ces pauvres filles ne manquaient jamais de m'en apporter en abondance pour me remercier des petits services que je leur rendais. Nous étions, Belford et moi, les seules personnes dont elles ne reçussent pas de mauvais traitemens, ce qui nous conciliait leur attachement. Elles faisaient un si grand cas de mes talens, que si la sandale de l'une d'elles venait à se découdre ou à se déchirer, elle me l'apportait aussitôt pour la racommoder, de sorte que je devins le savetier de la caravane.

Aucun de leurs maîtres ne faisait un pas sans son fouet, et il s'en servait constamment. Boire trop d'eau, porter trop peu de bois, s'endormir avant que le repas fût préparé, étaient autant de crimes irrémissibles qui étaient toujours suivis du châtiment. Aucun esclave n'ose être malade ou fatigué : quand l'un d'eux meurt de fatigue et d'épuisement, son maître commence à soupçonner « qu'il avait quelque chose de dérangé dans l'intérieur », et regrette de n'avoir pas employé le remède ordinaire à tous les maux, qui consiste à brûler le ventre avec un fer chaud.

Ayant passé un an dans le désert, je vais tâcher d'en donner la description. Sahara est le nom qui, dans toutes nos cartes, désigne cette vaste contrée, connue aussi sous celui de grand désert.

On appelle Oasis les lieux fertiles, ou espèces d'îles répandues sur la surface du désert; l'on regarde le Fezzan comme une de ces Oasis. Ce n'est pourtant qu'un désert, à l'exception des plantations de palmiers, et des petits jardins cultivés et rendus fertiles à force de soins et de peines, dans le voisinage des villes et des villages. Aucune plante n'y croît naturellement, excepté dans les ouadeys et parmi les rochers, et même dans ces endroits, je n'ai jamais vu la verdure couvrir un espace de plus d'une douzaine de pieds carrés, si ce n'est en approchant dans les montagnes de Tripoli. Les Arabes distinguent, par des noms différens, les diverses espèces de déserts ou lieux arides.

1 Sahar.
2 Ghroud.
3 Serir.
4 Ouarr.
5 Hatia.
6 Ouichek.
7 Ghraba, ou Djezira.
8 Soubker.
9 Ouadey.
10 Ghibel.

Ils nomment *Sahar* cette partie de désert où l'on ne trouve que du sable, qui forme une surface plane, où l'horizon s'étend à perte de vue, sans aucun sentier battu, et qui n'offre ni rochers, ni pierres, ni eau, ni aucune substance pouvant servir à la nourriture des hommes et des animaux.

Ghroud est l'espèce de montagnes de sable dont j'ai parlé plusieurs fois. Leur hauteur varie; quelques-unes sont si escarpées, qu'il est impossible de les gravir : on ne peut en monter aucune sans difficulté. On y voit quelquefois des palmiers. Elles sont en général situées sur les bords de plaines pierreuses, où le vent, accumulant le sable, contribue à leur formation.

Serir, plaines de graviers dont le sable a été balayé par les vents, et sur les bords desquelles se trouvent les *Ghrouds*. Le gravier est ordinairement composé de petites pierres arrondies, en général, comme les galets qu'on trouve sur les bords de la mer. On en voit pourtant d'anguleux et de pointus, comme s'ils avaient été brisés récemment. Enfin, on marche assez souvent pendant plusieurs milles sur des pierres luisantes, comme si elles avaient été polies.

Ouarr, plaine raboteuse, couverte de grosses pierres, éparses confusément, et à travers lesquelles il est très-difficile de passer. On donne ce nom aux plateaux des montagnes, particulièrement de celles de Soudah, et, en général, à toute étendue de pays où l'on ne peut voyager qu'avec peine et difficulté, à cause des obstacles que les pierres et les monticules rocailleux opposent à la marche.

Hatïa, terrain qui n'est pas complètement stérile, mais produit çà et là quelques arbrisseaux rabougris qui fournissent aux chameaux de quoi se sustenter, et aux voyageurs de quoi faire du feu.

Ouichek, plaines ou montagnes sablonneuses, où l'on trouve des bouquets de dattiers sauvages et stériles. Tout Ouichek paraît avoir été autrefois un Ghraba.

Ghraba, terrain produisant des palmiers cultivés ou rapportant du fruit; mais, situé loin de toute habitation, les propriétaires de ces arbres n'y viennent que pour en faire la récolte. Les habitans du Fezzan sont, je crois, les seuls Africains qui donnent aussi à ces terrains le nom de *Djezira*.

Soubker, plaines de sel, marécageuses en hiver, desséchées et raboteuses en été. On en trouve dans le Fezzan, où le sel, la terre et le sable sont tellement combinés ensemble, que ces trois substances forment une espèce de pierre très-dure, et très-difficile à entamer ou à rompre. Une de ces plaines, entre Traghan et Mafen, a trois ou quatre milles dans sa plus grande largeur, sur une longueur de plus de vingt-cinq.

Ouadey est un nom que j'ai fréquemment employé. On le donne aux enfoncemens de terrain où il croît des arbrisseaux, et dans lesquels l'eau des pluies forme des torrens passagers. Dans le Fezzan, où la pluie est presque inconnue, ce ne sont que des terrains bas où l'on trouve rarement une seule plante : on donne ce nom aux défilés qui séparent deux montagnes et qui sont si resserrés, que huit à dix chameaux peuvent à peine y passer de front ; et on appelle de même ouadey le vaste terrain qui contient des villes et des plantations de palmiers.

Ghibel, ou montagne, est un mot qui n'a pas besoin d'explication ; il ne faut pas entendre par le mot désert, un pays plat ; quelquefois les montagnes y sont très nombreuses, comme dans le Fezzan.

Le mot *Sahara* n'est donc applicable qu'aux parties sablonneuses du désert, et les Arabes emploient le mot *Ber* comme un terme général pour désigner le pays.

Il paraît que l'eau ne se trouve jamais à la surface du sol dans toutes les parties du désert que j'ai vues, comme dans celles sur lesquelles j'ai pu obtenir des informations. Il semble donc bien extraordinaire que des animaux sauvages puissent y exister. Cependant le buffle, les antilopes, et quelques autres animaux, sont très-nombreux dans certains endroits. Des rats se creusent des trous dans des endroits où, à vingt milles à la ronde, on ne trouve pas un arbrisseau, pas une créature vivante, excepté quelques lézards, de petits serpens, et des insectes trop agiles pour qu'ils puissent les attraper : on ne conçoit donc pas quelle peut être leur nourriture. On voyage même plusieurs jours de suite, dans certaines parties du désert, sans rencontrer d'autres êtres animés qu'un petit insecte que les naturels du pays appellent *naga t'allach*, ou chameau de Dieu, et qui ressemble à peu près à la figure d'une araignée. Dans les endroits où les caravanes s'arrêtent, et dans le voisinage des buissons, on voit une espèce de scarabée dont les traces sont si bien marquées sur le sable, que j'ai souvent suivi celles du même insecte pendant un ou deux milles.

Rien de plus imposant que le silence qui règne dans le désert, surtout dans les plaines de sables ou *sahar*. Quelquefois je m'éloignais de la caravane, pendant la nuit à une distance suffisante pour ne plus entendre le bruit des chevaux et des chameaux ; je ne saurais décrire la sensation que j'éprouvais, quand je sentais souffler le vent qui passait, et que j'entendais le bruit causé par la résistance que mon corps lui opposait. Près des villages, et dans les endroits où il existe des animaux, on entend souvent, pendant la nuit, les hurlemens des hyènes et des chakals qui viennent rôder autour des caravanes.

Dans les plaines de sable et de gravier, on croit souvent apercevoir de l'eau à quelque distance : l'illusion est si complète que, s'il se trouvait réellement une rivière à côté, on ne saurait dire où est la véritable. Les Arabes appellent ce phénomène *chrab* : ils s'amusaient souvent à nos dépens, en nous montrant ainsi dans le lointain une eau qui ne s'y trouvait pas. Mais au bout de quelque temps, nous y fûmes habitués, et ils ne nous prirent plus pour dupes. La forme des objets n'est pas moins trompeuse lorsque le soleil est dans toute sa force. Je me suis bien des fois réjoui en croyant voir, à quelque distance, un grand arbre dont les branches touffues semblaient me promettre un ombrage agréable pour m'y reposer ; je hâtais le pas pour y arriver, et quand j'en approchais, je ne voyais plus qu'un arbrisseau desséché qui n'aurait pas couvert mes mains de son ombrage. La distance est une autre source d'illusion : les montagnes de sable, par exemple, quand le soleil darde ses rayons sur leurs flancs, paraissent toujours beaucoup plus éloignées qu'elles ne le sont en réalité.

On ne trouve pas de l'eau en creusant dans

toutes les parties du désert ; il est surtout difficile d'en rencontrer dans les plaines de gravier dont le fond est une pierre sablonneuse. J'y ai vu deux puits qu'on avait creusés jusqu'à la profondeur de cent pieds sans trouver un filet d'eau. Les puits sont généralement situés dans les ouadeys ou dans les terrains sablonneux. L'eau de tous ceux que j'ai vus était salée et putride, mais la putridité diminuait, après qu'on en avait tiré une certaine quantité. Dans quelques-uns, on ne trouve que la quantité d'eau nécessaire pour abreuver cinq à six chevaux à la fois, et ils sont assez long-temps à se remplir de nouveau. Ces derniers puits étaient toujours creusés dans une roche tendre et argilleuse. Ceux où l'eau est la plus abondante se trouvaient dans une argile jaune ; l'eau est à une profondeur qui varie depuis six pieds du sol jusqu'à quatre-vingts.

Dans le désert pierreux, on rencontre souvent de petites pyramides de pierres qui ont été amoncelées par des voyageurs pour marquer la route et la reconnaître au besoin. On les nomme *aaloum* ou instructeurs. Quelques-unes sont devenues assez remarquables pour obtenir un nom particulier, et c'est souvent un lieu de halte pour les caravanes.

Quinze jours après mon arrivée, je pus enfin

obtenir une audience du pacha. Je le remerciai du bon accueil que sa protection m'avait procuré dans l'intérieur de l'Afrique. Il m'adressa beaucoup de questions sur les événemens de mon voyage, me dit que, si je revenais, je pouvais toujours compter sur son amitié, et me chargea de ses complimens pour mon souverain.

Je partis de Tripoli avec Belford le 19 mai; nous débarquâmes à Livourne le 29. Nous y fûmes soumis à une quarantaine de 25 jours, pendant laquelle le ministre de Mohammed Ali, pacha d'Égypte, m'honora d'une visite. Mes réponses à ses questions lui ayant prouvé que je savais l'arabe, il me dit que son maître allait faire partir une armée considérable pour reconnaître les pays situés au sud et à l'ouest de l'Égypte, et qu'il désirait beaucoup engager quelque Européen à l'accompagner. Il me fit entendre que, si j'offrais mes services, ils seraient acceptés avec empressement, et libéralement récompensés. En un mot, il m'offrait tant d'avantages, que je ne refusai ses offres que parce que j'étais au service de mon Gouvernement, qui m'ordonnerait peut-être de retourner en Afrique. D'après le plan qu'il m'expliqua, je vis clairement que si j'accompagnais l'armée du pacha d'Égypte, je pourrais aisément déterminer le lieu où le Nige termine son cours, parce que l'on devoit passer dans un pays d'où je savais vers quel point j'avais dirigé mes pas, et vers lequel je m'avancerais directement, si je faisais jamais un second voyage en Afrique.

Nous traversâmes la France pour retourner en Angleterre, et nous arrivâmes à Londres le 29 juillet 1820.

NOTE DU TRADUCTEUR.

Le capitaine Lyon, après avoir parcouru les sables brûlans de l'Afrique, erre en ce moment dans les glaces de la mer du Nord. Il est commandant en second de l'expédition partie d'Angleterre sous les ordres du capitaine Parry, pour faire un voyage de découvertes dans la mer de Baffin, et chercher un passage dans le grand Océan par le détroit de Cumberland.

FIN.

TABLE

DES CHAPITRES.

FIN DE LA TABLE.

NOTE POUR LE PLACEMENT DES PLANCHES.

www.ingramcontent.com/pod-product-compliance
Ingram Content Group UK Ltd.
Pitfield, Milton Keynes, MK11 3LW, UK
UKHW020310230726
13925UKWH00001B/322